用于国家职业技能鉴定

YONGYU GUOJIA ZHIYE JINENG JIANDING

国家职业资格培训教程

GUOJIA ZHIYE ZIGE PEIXUN JIAOCHENG

防腐蚀工

（基础知识）

第2版

编审委员会

编写人员

主　编　段林峰　潘小洁

编　者　段林峰　邱小云

中国劳动社会保障出版社

图书在版编目(CIP)数据

防腐蚀工. 基础知识/中国就业培训技术指导中心组织编写. —2 版. —北京：中国劳动社会保障出版社，2012

国家职业资格培训教程

ISBN 978-7-5045-9888-2

Ⅰ.①防… Ⅱ.①中… Ⅲ.①防腐-技术培训-教材 Ⅳ.①TB304

中国版本图书馆 CIP 数据核字(2012)第 210266 号

中国劳动社会保障出版社出版发行

(北京市惠新东街 1 号 邮政编码：100029)

出 版 人：张梦欣

*

北京市艺辉印刷有限公司印刷装订 新华书店经销

787 毫米×1092 毫米 16 开本 7.5 印张 128 千字

2012 年 9 月第 2 版 2012 年 9 月第 1 次印刷

定价：17.00 元

读者服务部电话：010-64929211/64921644/84643933

发行部电话：010-64961894

出版社网址：http：//www.class.com.cn

前　言

为推动防腐蚀工职业培训和职业技能鉴定工作的开展，在防腐蚀工从业人员中推行国家职业资格证书制度，中国就业培训技术指导中心在完成《国家职业技能标准·防腐蚀工》(2009年修订)（以下简称《标准》）制定工作的基础上，委托中国工业防腐蚀技术协会组织参加《标准》编写和审定的专家及其他有关专家，编写了防腐蚀工国家职业资格培训系列教程（第2版)。

防腐蚀工国家职业资格培训系列教程（第2版）紧贴《标准》要求，内容上体现“以职业活动为导向、以职业能力为核心”的指导思想，突出职业资格培训特色；结构上针对防腐蚀工职业活动领域，按照职业功能模块分级别编写。

防腐蚀工国家职业资格培训系列教程（第2版）共包括《防腐蚀工（基础知识)》《防腐蚀工（初级)》《防腐蚀工（中级)》《防腐蚀工（高级)》《防腐蚀工（技师　高级技师)》5本。《防腐蚀工（基础知识)》内容涵盖《标准》的“基本要求”，是各级别防腐蚀工均需掌握的基础知识；其他各级别教程的章对应于《标准》的“职业功能”，节对应于《标准》的“工作内容”，节中阐述的内容对应于《标准》的“技能要求”和“相关知识”。

本书是防腐蚀工国家职业资格培训系列教程（第2版）中的一本，适用于对各级别防腐蚀工的职业资格培训，是国家职业技能鉴定推荐辅导用书，也是各级别防腐蚀工职业技能鉴定国家题库命题的直接依据。

本书共7章，第1章、第3章、第4章、第5章、第6章、第7章由段林峰编写，第2章由邱小云编写。

本书在编写过程中得到安钢集团附属企业有限公司、上海正臣防腐科技有限公司、黄石市汇波防腐技术有限公司、厦门洗霸科技有限公司等单位的大力支持与协助，在此一并表示衷心的感谢。

中国就业培训技术指导中心

目 录

CONTENTS 国家职业资格培训教程

第1章 职业道德

我国《公民道德建设实施纲要》指出：“职业道德是从业人员在职业活动中应遵循的行为准则，涵盖了从业人员与服务对象、职业与员工、职业与职业之间的关系。随着现代社会分工的发展和专业化程度的增强，市场竞争日益激烈，整个社会对从业人员职业观念、职业态度、职业技能、职业纪律和职业作风的要求越来越高。”因此，认真学习职业道德的基本知识，对从业人员的成长与发展具有重要意义。

第1节 职业道德基本知识

一、道德

道德是一个庞大的体系，职业道德是这个庞大体系中的一个重要组成部分，也是劳动者素质结构中的重要组成部分，职业道德与劳动者素质之间关系紧密。加强职业道德建设，有利于促进良好社会风气的形成，增强人们的社会公德意识。同样，人们社会公德意识的增强，又能进一步促进职业道德建设，引导从业人员的思想和行为朝着正确的方向前进，促进社会文明水平的全面提高。

道德是人类社会特有的，由社会经济关系决定的，依靠内心信念和社会舆论、风俗习惯等方式来调整人与人之间、个人与社会之间以及人与自然之间的关系的特殊行为规范的总和。它包含了以下三层含义：

第一，一个社会的道德的性质、内容，是由社会生产方式和经济关系（即物质利益关系）决定的；也就是说，有什么样的生产方式和经济关系，就有什么样的道德体系。

第二，道德是以善与恶、好与坏、偏私与公正等作为标准来调整人们之间的行为的。一方面，道德作为标准，影响着人们的价值取向和行为模式；另一方面，道德也是人们对行为选择、关系调整做出善恶判断的评价标准。

第三，道德不是由专门的机构来制定和强制执行的，而是依靠社会舆论和人们的内心信念、传统思想和教育的力量来调节的。道德属于社会上层建筑领域，是一种特殊的社会现象。

根据道德的表现形式，通常我们把道德分为家庭美德、社会公德和职业道德三大领域。作为从事社会某一特定职业的从业者，要结合自身实际，加强职业道德修养，负担职业道德责任。同时，作为社会和家庭的重要成员，从业人员也要加强社会公德、家庭美德修养，负担起自己应尽的社会责任和家庭责任。

二、职业道德

1. 职业道德的内涵

职业道德是指从事一定职业的人们在职业活动中应该遵循的，依靠社会舆论、传统习惯和内心信念来维持的行为规范的总和。它调节从业人员与服务对象、从业人员之间、从业人员与职业之间的关系。它是职业或行业范围内的特殊要求，是社会道德在职业领域的具体体现。

2. 职业道德的基本要素

（1）职业理想

职业理想即人们对职业活动目标的追求和向往，是人们的世界观、人生观、价值观在职业活动中的集中体现。它是形成职业态度的基础，是实现职业目标的精神动力。

（2）职业态度

职业态度即人们在一定社会环境的影响下，通过职业活动和自身体验所形成的对岗位工作的一种相对稳定的劳动态度和心理倾向。它是从业者精神境界、职业道德素质和劳动态度的重要体现。

（3）职业义务

职业义务即人们在职业活动中自觉地履行对他人、社会应尽的职业责任。我国的每一个从业者都有维护国家、集体利益，为人民服务的职业义务。

（4）职业纪律

职业纪律即从业者在岗位工作中必须遵守的规章、制度、条例等职业行为规范。例如，国家公务员必须廉洁奉公、甘当公仆，公安、司法人员必须秉公执法、铁面无私等。这些规定和纪律要求，都是从业者做好本职工作的必要条件。

（5）职业良心

职业良心即从业者在履行职业义务中所形成的对职业责任的自觉意识和自我评价活动。人们所从事的职业和岗位的不同，其职业良心的表现形式也往往不同。例如，商业人员的职业良心是"诚实无欺"，医生的职业良心是"治病救人"，从业人员能做到这些，良心就会得到安宁；反之，内心则会产生不安和愧疚感。

（6）职业荣誉

职业荣誉即社会对从业者职业道德活动的价值所做出的褒奖和肯定评价，以及从业者在主观认识上对自己职业道德活动的一种自尊、自爱的荣辱意向。当一个从业者职业行为的社会价值赢得社会公认时，就会由此产生荣誉感；反之，就会产生耻辱感。

（7）职业作风

职业作风即从业者在职业活动中表现出来的相对稳定的工作态度和职业风范。从业者在职业岗位中表现出来的尽职尽责、诚实守信、奋力拼搏、艰苦奋斗的作风等，都属于职业作风。职业作风是一种无形的精神力量，对其所从事事业的成功具有重要作用。

3. 职业道德的特征

职业道德作为职业行为的准则之一，与其他职业行为准则相比，体现出以下特征：

（1）鲜明的行业性

行业之间存在差异，各行各业都有特殊的道德要求。例如，商业领域对从业者的道德要求是"买卖公平，童叟无欺"，会计行业的职业道德要求是"不做假账"，驾驶员的职业道德要求是"遵守交规、文明行车"等，这些都是职业道德行业性特征的表现。

（2）适用范围上的有限性

一方面，职业道德一般只适用于从业人员的岗位活动；另一方面，不同的职业道德之间也有共同的特征和要求，存在共通的内容，如敬业、诚信、互助等，但在某一特定行业和具体岗位上，必须有与该行业、该岗位相适应的具体职业道德规范。这些特定的规范只在特定的职业范围内起作用，只能对从事该行业和该岗位的从业人员具有指导和规范作用，而不能对其他行业和岗位的从业人员起作用。例如，律师的职业道德要求他们对其当事人必须努力进行辩护，而警察则要尽力去搜寻犯罪嫌疑人的犯罪证据。可见，职业道德的适用范围不是普遍的，而是特定的、有限的。

（3）表现形式的多样性

职业领域的多样性决定了职业道德表现形式的多样性。随着社会经济的高速发展，社会分工将越来越细，越来越专，职业道德的内容也必然千差万别。各行各业为适应本行业的行业公约、规章制度、员工守则、岗位职责等要求，都会将职业道德的基本要求规范化、具体化，使职业道德的具体规范和要求呈现出多样性。

（4）一定的强制性

职业道德除了通过社会舆论和从业人员的内心信念来对其职业行为进行调节外，它与职业责任和职业纪律也紧密相连。职业纪律属于职业道德的范畴，当从业人员违反了具有一定法律效力的职业章程、职业合同、职业责任、操作规程，给企业和社会带来损失和危害时，职业道德就将用其具体的评价标准，对违规者进行处罚，轻则受到经济和纪律处罚，重则移交司法机关，由法律来进行制裁。这就是职业道德强制性的表现所在。但在这里需要注意的是，职业道德本身并不存在强制性，而是其总体要求与职业纪律、行业法规具有重叠内容，一旦从业人员违背了这些纪律和法规，除了受到职业道德的谴责外，还要受到纪律和法律的处罚。

（5）相对稳定性

职业一般处于相对稳定的状态，决定了反映职业要求的职业道德必然处于相对稳定的状态，如商业行业“童叟无欺”的职业道德、医务行业“救死扶伤、治病救人”的职业道德等，千百年来为从事相关行业的人们所传承和遵守。

（6）利益相关性

职业道德与物质利益具有一定的关联性。利益是道德的基础，各种职业道德规范及表现状况，关系到从业人员的利益。对于爱岗敬业的员工，单位不仅应该给予精神方面的鼓励，也应该给予物质方面的褒奖；相反，违背职业道德、漠视工作的员工则会受到批评，严重者还会受到纪律处罚。一般情况下，企业会将职业道德规范，如爱岗敬业、诚实守信、团结协作细化成更加具体、明确、严格的岗位责任或岗位要求，并制定出相应的奖励和处罚措施，与从业人员的物质利益挂钩，强调责、权、利的有机统一，便于监督、检查、评估，以促进从业人员更好地履行自己的职业责任和义务。

第 2 节　防腐蚀工职业守则

一、遵守法律、法规和企业的有关规章制度

遵守我国法律、法规，执行国家的方针政策是对公民的基本要求，也是一个合格公民应该做到的，只有首先成为合格的公民才能成为一名合格的防腐蚀工。

企业制定的各项规章制度，是为了保证企业能正常高效地运转。作为工人，应该严格遵守这些规章制度，并在工作中提出合理化建议，完善企业的各项规章制度。

二、爱岗敬业、严于律己、吃苦耐劳

爱岗敬业就是要求职工热爱自己的工作岗位，热爱自己的本职工作，尊重自己的岗位职责，认真履行自己的岗位职责。这也是社会对社会成员个体的最基本的道德要求。

工作中严于律己，在工作岗位上不做与本岗位无关的事，勇于承担艰巨、艰苦的工作，热爱劳动。

三、刻苦学习、勤奋钻研业务，努力掌握专业知识和技能

随着工业技术的进步和发展，防腐蚀技术也处于日新月异的变化发展中，新的防腐蚀施工技术、防腐蚀新材料等不断出现，使防腐蚀效果不断提高。防腐蚀工在工作中要刻苦学习专业知识及专业技能，勤学好问，努力提高自己的科学文化素质，解决生产、施工中遇到的难题，使自己成为知识全面、技能娴熟的优秀防腐蚀工。

四、严格执行施工工艺文件和操作规程，重视安全生产

防腐蚀施工工艺文件规定了防腐蚀施工单位的具体实施要求，包括施工方法、材料要求、有关参数及质量控制等，严格执行防腐蚀施工工艺文件是保证防腐蚀施工质量的基础。

为保证设备安全及施工人员安全，各种设备、仪器、工具等都制定有相关的操

作规程，严格按操作规程使用设备、仪器、工具等不仅能保证施工顺利进行，同时也是保证安全施工的前提。

五、谦虚谨慎、团结协作，主动配合工作

防腐蚀施工往往是由多工种、多工序协同作业，防腐蚀工应虚心听取他人意见，善于与人共事，团结协作，做好与工人之间的配合、工序之间的配合以及与技术人员之间的沟通，营造一个和谐、协作的工作环境，保证各工序都能顺利完成任务。

六、坚持文明生产，爱护环境

在防腐蚀施工现场，材料、设备、工具等应有序摆放。施工中应严格按安全生产规范操作，并及时做好三废处理，杜绝污染。施工结束要做到把场地清理干净，塑造企业良好的形象。

思考题

1. 什么是职业道德？职业道德有哪些特征？
2. 防腐蚀工职业守则内容有哪些？

第2章

识图与化工基础知识

第1节　识图知识

一、制图常识

1. 一般投影常识

工程图中用来表达物体真实形状结构和准确尺寸的图形，是用正投影法绘制得到的正投影图或视图。如图2—1所示，将三角板放在灯与墙壁之间的适当位置，墙上就会出现一个三角板的影子。这个三角板的影子的轮廓就称为三角板的投影。墙面称为投影面，光线称为投影线。在此图中，影子的大小随着三角板与灯和墙面距离的变化而改变，因此不能反映物体的真实形状与大小。如果投影线相互平行并垂直于投影面，而三角板又处于平行于投影面的位置，则所得的投影就与三角板的真实大小一致，而与三角板同投影面的距离无关。三角板的正投影如图2—2所示。

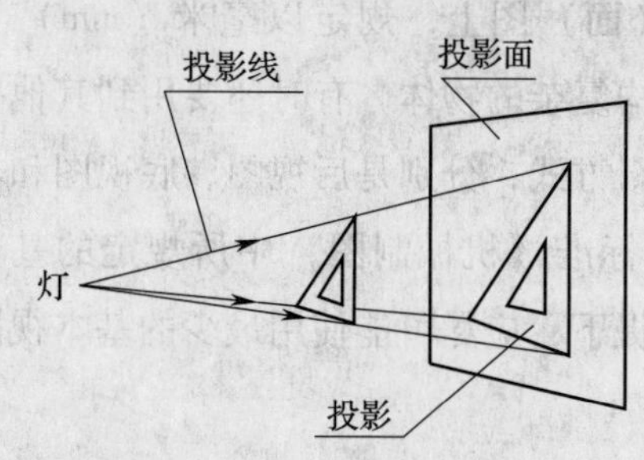

图2—1　三角板的投影

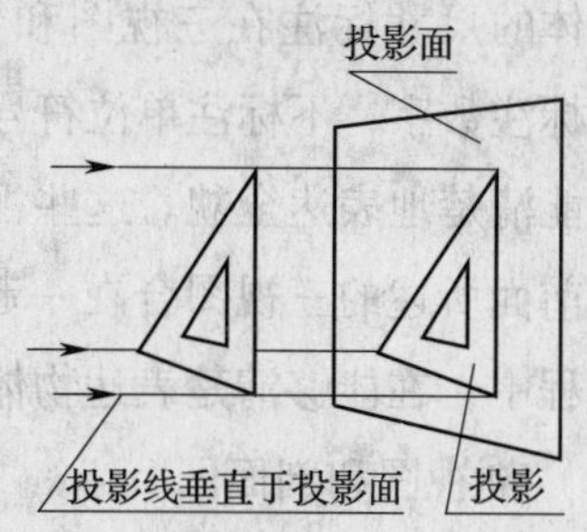

图2—2　三角板的正投影

这种以一束相互平行并垂直于投影面的投影线，将物体向投影面进行投影的方法称为正投影法。用正投影法获得的图形称为正投影图。一般工程图大都是正投影图，而将人的视线比做垂直于投影面的投影线，因而正投影图也称为视图。

2. 工程图的视图表达

（1）三视图

只用一个视图不能反映物体的全貌。如图2—3所示，主视图反映不出三棱柱的宽度。工程图的视图表达，一般采用三视图，即用三个相互垂直的投影面，将物体放在这三个投影面之间的适当位置，分别向这三个投影面投影得到的三个视图。三个相互垂直的投影面分别叫做正立投影面，简称正面；水平投影面，简称水平面；侧立投影面，简称侧面。三个视图分别称为主视图、俯视图和侧视图（这里是从左方向侧面投影所得的视图，也称左视图）。

主视图是指从前方向正投影面投影所得的视图，俯视图是指从上方向水平面投影所得的视图，左视图是指从左方向侧面投影所得的视图。

由三视图的形成和三个投影的展开，可以说明三视图反映物体的长、宽、高三个尺寸，如图2—4所示。三个视图之间的关系可以概括为：主、俯视图长对正（等长）；主、左视图高平齐（等高）；左、俯视图宽相等（等宽）。

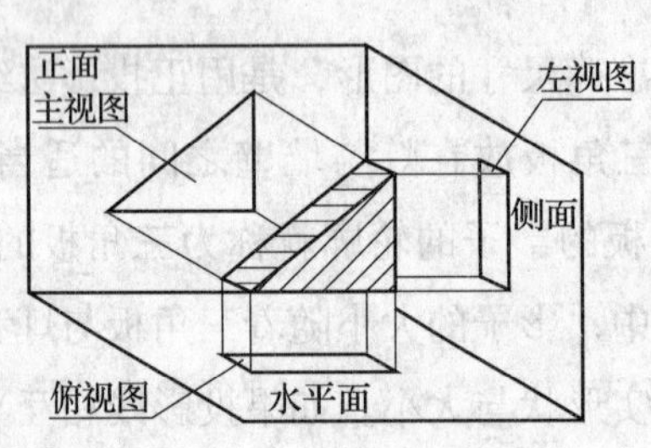

图2—3　三个投影面和三面投影

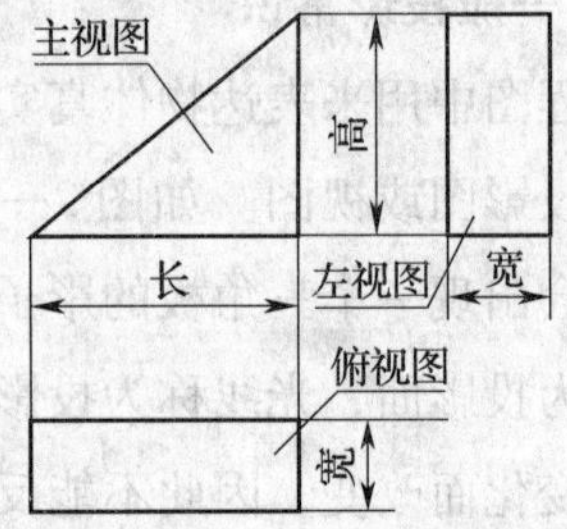

图2—4　三等规则

物体的尺寸标注在三视图和各种剖视（面）图上，规定以毫米（mm）为单位，只标注数字，不标注单位符号。对于结构复杂的物体，有时还要用到其他一些视图才能清楚地表达全貌。这些视图按照投影方式，分别是后视图、底视图和右视图。与前面所述的三视图合在一起即为国家标准《机械制图》中所规定的基本视图。工程中，在能够清楚表达物体全貌的前提下，应尽可能使用最少的基本视图。

（2）剖视图和剖面图

对于某些结构复杂，特别是具有复杂空腔的物体，单纯用三视图不能或不易表明其内部结构，这就要用到剖视图或剖面图。

1）剖视图。为了清楚地表达物体内部或被遮盖部分的结构形状，用一个假想平面将要表达的部位剖切开来，移去观察者和假想平面之间的部分，将剩余部分向投影面投影所得的视图称为剖视图，假想平面称为剖切平面。剖视图中剖切平面与物体接触的部分称为剖面，剖面应画剖面符号，如图 2—5 所示。

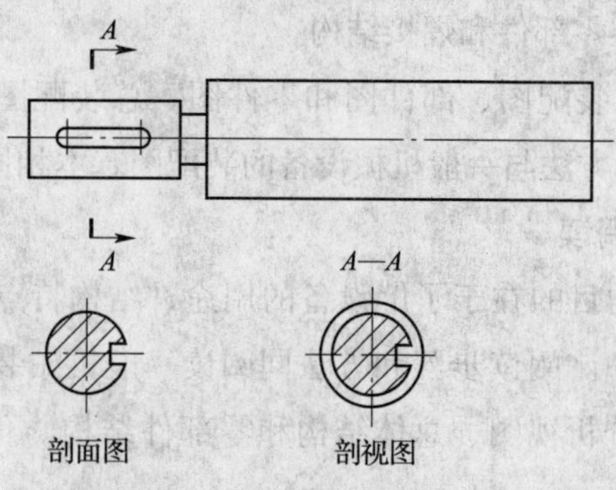

图 2—5　剖面图与剖视图的区别

剖视图有全剖视图、半剖视图、局部剖视图、解体剖视图、旋转剖视图和斜剖视图等。

2）剖面图。剖面图是用假想的剖切平面剖切物体后，将剖面投影所得的图形。它与剖视图的区别在于只画出与剖切平面相接处的平面上的图形，而不画出剖切平面后方未被剖切部分的投影，如图 2—5 所示。

（3）零件图

一张完整的零件图应具备以下四个基本内容：表达零件的形状和结构的一组视图；确定零件及其各部分结构大小，以及这些结构相对位置的尺寸；加工零件时应该达到的技术要求，以及关于零件性能或使用条件的说明；表明设计单位或生产单位、零件名称及编号、制造材料、图形比例，并由设计、绘图、校核、审核等技术责任者签署的标题栏。

（4）装配图

一张符合生产要求的装配图，同零件图一样，也应具有一组视图、必要的尺寸、关于技术要求的标注和说明、标题栏等。除此之外，由于装配体是由若干零件装配而成的，图中还要将零件逐一编排序号，并将这些零件的名称、材料、规格和数量等编列在明细表中。

二、化工设备图

1. 化工设备的特点

常见化工设备的结构特点主要是：

（1）主体结构和大部分零部件的形体往往都是圆柱、圆锥、球、椭球、环等回转体。

（2）薄壁结构较多，外形尺寸与壁厚相差较大。

（3）壳体上开孔和接管较多。

（4）广泛采用标准零部件和焊接结构。

化工设备图包括总装配图、部件图和零件图。总装配图和部件图都属于装配图，其基本内容和图示方法与一般机械设备的装配图基本相同。

2. 化工设备图的阅读

阅读化工设备图的目的在于了解设备的用途、结构特点，以便进行防腐蚀施工及施工时的安全防护。阅读步骤和方法同阅读一般机械装配图基本相同，应从了解概貌开始，继而分析视图、总体结构和零部件结构。化工设备图样如图 2—6 所示。

（1）概貌了解

卧式储罐是常用的一种储存设备。由技术要求和技术特性表中可知，该储罐内部盛装某种液态化学介质，设计压力 1. 8 MPa，设计温度 50℃。根据明细表可知设备共由 24 种 56 个零部件组成。

（2）视图分析

图样上的主视图用局部剖视显示设备的高度和内部结构，主视图上表达了各接管沿轴向的位置，左视图表达了所有接管的方向，A－A 的剖视图表明了支座上地脚螺栓的位置。各节点图分别表明了筒体和封头的对接焊缝、接管与壳体的焊缝以及放料口接管的结构。

（3）零部件分析

根据明细表中序号的顺序将零部件逐个从视图中分离出来，结合有关技术标准或其他技术资料，了解零部件的结构形状、规格尺寸和作用。这是阅读装配图的重要步骤。

（4）设备分析

通过对视图和零部件的分析不难看出，所表达的设备是内直径 ϕ2 000 mm，筒体长度为 5 800 mm，设备全长为 7 200 mm，高度约为 2 740 mm 的卧置设备，上部有 5 个管口（分别为排气口、回流口、备用口、压力表和安全阀口）和 1 个人孔，下部有 3 个管口（分别为进料口、放料口、排污口），左封头上有安装液面计的两个接管，设备由两个鞍式支座支撑。

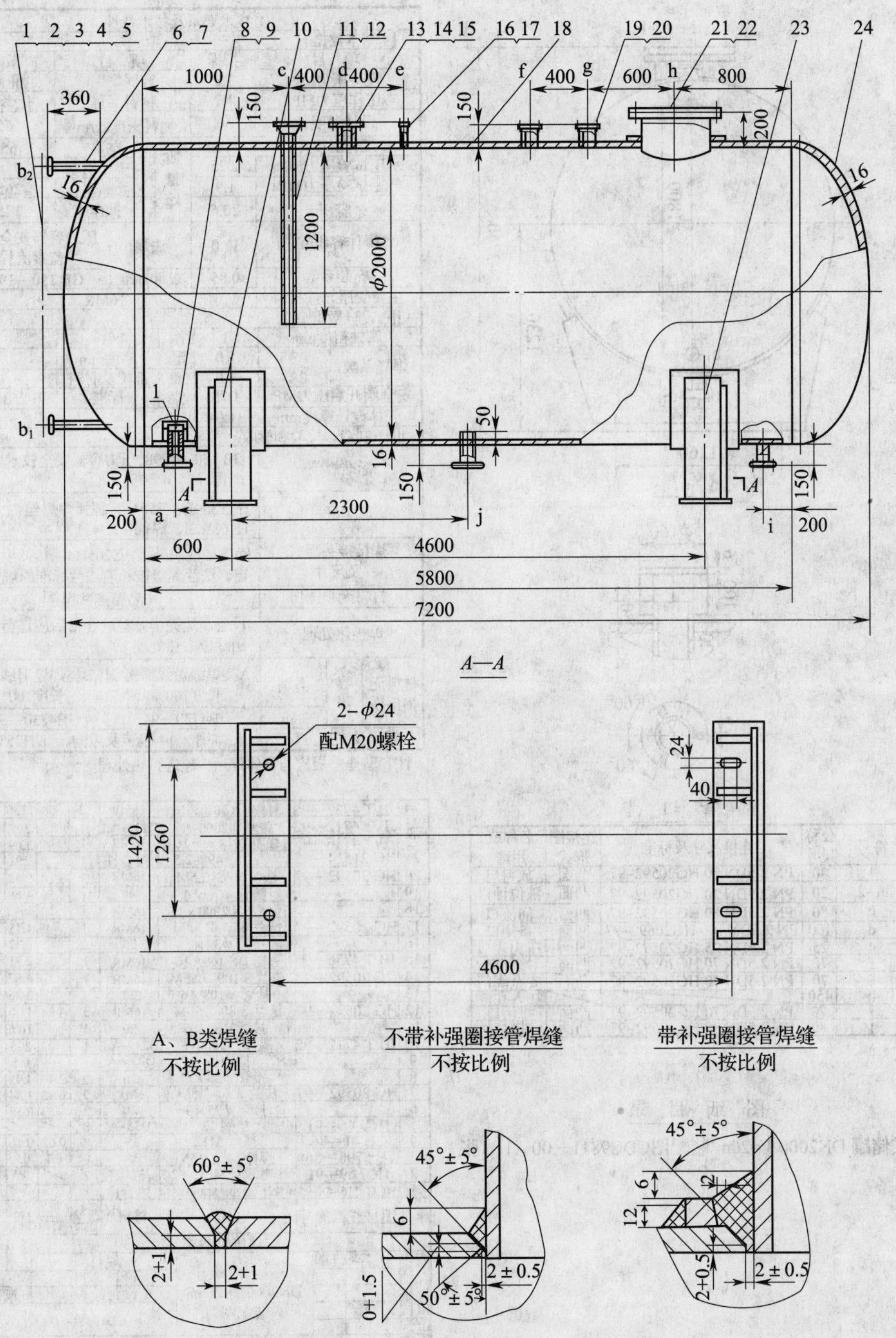

1 2 3 4 5 6 7 8 9 10 11 12 13 14 15 16 17 18 19 20 21 22 23 24
1000
400
400
400
600
800
360
150
150
200
1200
φ2000
16
50
2300
4600
5800
7200
600
200
a
j
i
A—A
2-φ24
配M20螺栓
1420
1260
24
40
A、B类焊缝
不按比例
不带补强圈接管焊缝
不按比例
带补强圈接管焊缝
不按比例
60°±5°
45°±5°
50°±5°
2±0.5

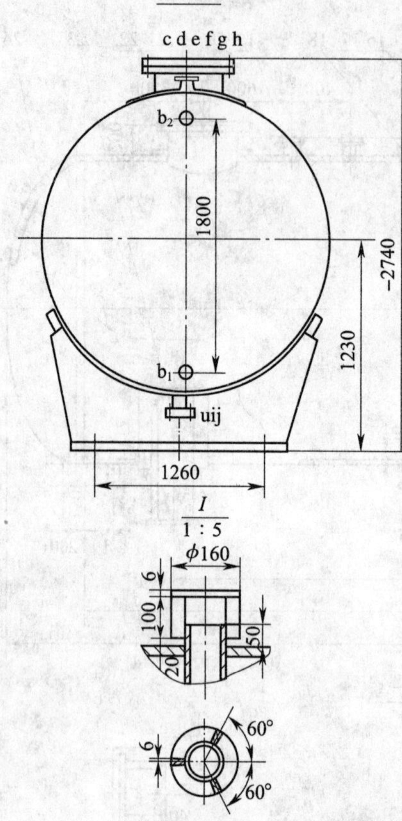

技术要求及技术特性			
Ⅰ. 基本数据			
项　目	指标	项　目	指标
设计压力MPa	1.8	容器类别	Ⅲ MC
工作压力MPa	1.7	物料名称	化学液体
设计温度 ℃	50	物料密度kg/m^3	650
工作温度 ℃	≤50	质量kg 空重	6500
水压试验压力MPa	2.25	质量kg 其中不锈钢	
气密试验压力MPa	1.9	质量kg 充满水	26500
全容积m^3	20.6	质量kg 操作	17550
操作容积m^3	17.0	法规	压力容器安全技术监察流程
充装系数	0.85	设计标准	GB 150—1998
主要受压元件材料	16MR		
Ⅱ. 设计数据			
腐蚀裕度mm	1	保温油漆 材料	
焊缝系数 A类	1.0	保温油漆 厚度mm	
焊缝系数 B类	1.0	保温油漆 部位及材料	
安全阀开启压力MPa	1.75	保温油漆 标准	JB 2536—80
壳体设计厚度mm	11.64		
Ⅲ. 制造、检验和验收			
标准规范	GB 150—1998，压力容器安全技术监察规程		
焊接材料	手工焊条；E5016，埋弧焊焊丝：H10MnSi，焊剂：HJ431		
焊接接头型式及尺寸	除图中注明外按HG205H3—1998中规定，法兰焊接按相应法兰标准的规定		
材料无损探伤		产品焊接试板	
焊接热处理	设备制造完毕并检验合格后应进行整体消除应力热处理		
材料无损探伤 容器 类别	A类焊缝射线探伤长度100%	B类焊缝射线探伤长度100%	
材料无损探伤 容器 标准	JB4730—94	JB4730—94	
管口及支座方位	按本图	包装及运输	JH2536—80

注：鞍座垫板应与筒体焊后一起进行热处理。

管　口　表

符号	公称尺寸	连接尺寸及标准	连接图形式	名称或用途
a	80	PN 2.5DN 80 HG20592-97	凸面	放料口
b_1-2	20	PN 2.5DN 20 HG20592-97	凸面	液位计口
c	80	PN 2.5DN 80 HG20592-97	凹面	回流口
d	100	PN 2.5DN 100 HG20692-97	凹面	备用口
e	25	PN 2.5DN 25 HG20592-97	凹面	压力表口
f	70	PN 2.5DN 70 HG20592-97	凹面	接气口
g	70	PN 2.5DN 70 HG20592-97	凸面	安全阀门
h	450			人孔
i	70	PN 2.5DN 70 HG20592-97	凸面	排污口
j	80	PN 2.5DN 80 HG20592-97	凸面	进料口

图　纸　目　录

1. 卧式储罐 DN2000 V=20m^{3}装配图CDC9811—00 A1　1张

序号	图号或标准号	名称	材料	数量	单质量(kg)	总质量(kg)	备注
24	JB/T 4737—95	封头 DN 2000×16	16MR	2	568	1136	
23	JB/T 4712—92	鞍座 Ⅲ2000-S	Q235-A.F	1		205	
22	JB/T 4736—95	补强圈 DN 450×16-C	16MR	1		33.9	
21	HG 21524—95	490-2.5	组合件	1		252	
20	HG 20592—97	法兰 S 65-2.5M	16MR	3	3.14	9.42	
19		接管 φ76×6	20	3	1.56	4.68	l=150
18		筒体 DN 2000×16	16MR	1		4612	l=5800
17	HG 20592—97	法兰 S 25-2.5FM	16MR	1		1.11	
16		接管 φ32×3	20	1		0.32	l=150
15	JB/T 4736—95	补强圈 DN 100×16-C	16MR	1		2.71	
14	HG 20592—97	法兰 S 100-2.5FM	16MR	1		4.67	
13		接管 φ108×6	20	1		2.26	l=150
12	HG 20592—97	法兰 S 80-2.5FM	16MR	3	3.84	11.6	
11		接管 φ89×6	20	1		16.6	l=1350
10	JB/T 4712—92	鞍座 Ⅱ2000-F	Q235-A.F	1		205	
9		挡物板	Q235-A	1		0.5	
8		接管 φ89×6	20	2	2.46	4.92	l=200
7	HG 20592—97	法兰 S 20-2.5M	6MR	2	0.92	1.84	
6		接管 φ25×3	20	2		0.57	l=350
5	HCJ 46—91	垫圈 12	Q235-A	8			
4	GB 41—86	螺母 M12	35	8	0.02	0.16	
3	JB 5790—86	螺栓 M23×55	35	8	0.1	0.8	
2	HCJ 69—91	石棉橡胶垫 MF320-2.5	石棉橡胶	2			
1	HC/T 21584—95	单位计 U2 SR-MR=0.6834	组合件	1			

设计单位名称				1998.11
职责	签字	日期	卧式储罐 DN2000 V=20m3 装配图	项目
设计				设计项目
校核				设计阶段　施工图
审核				CD19811—00
审定				
批准			比例　1 : 15	第1页　第1页

图 2—6　化工设备图

化工设备图的阅读就是这样一个由总体到局部、由概貌到详细的过程。最终，通过分析对设备的作用、操作条件、总体结构等加以详细的了解。通过图标和技术要求的说明，可以知道设备、零部件的材质，以及防腐蚀的要求。通过阅读设备图，可以编制防腐蚀技术方案、施工方案和安全施工措施。

三、化工工艺图

化工工艺的工程表达主要是通过工艺流程图、设备布置图和管路布置图来完成的。根据防腐蚀施工的需要，下面主要介绍工艺流程图和管路布置图。

1. 工艺流程图

工艺流程图可分为工艺方案流程图和工艺施工流程图，如图 2—7 所示。工艺方案流程图又称为流程示意图或流程简图。工艺施工流程图又称为工艺安装流程图，或带控制点管路安装流程图，这种流程图画出了所有生产设备（包括备用设备）和全部管路（包括辅助管路、各种控制点以及阀件等）。图中设备按一定比例用细实线画出示意性图形（当设备过大、过长或过小时，可不按比例）并按流程顺序编写设备名称，设备编号一般同时反映工艺系统的序号和设备的序号。施工流程图中的流程线均用粗实线画出，流程线上标有流向箭头，并有文字说明其来源和去向，同时还标有管路编号、管材规格，以及管件、阀门和各种控制点的符号。

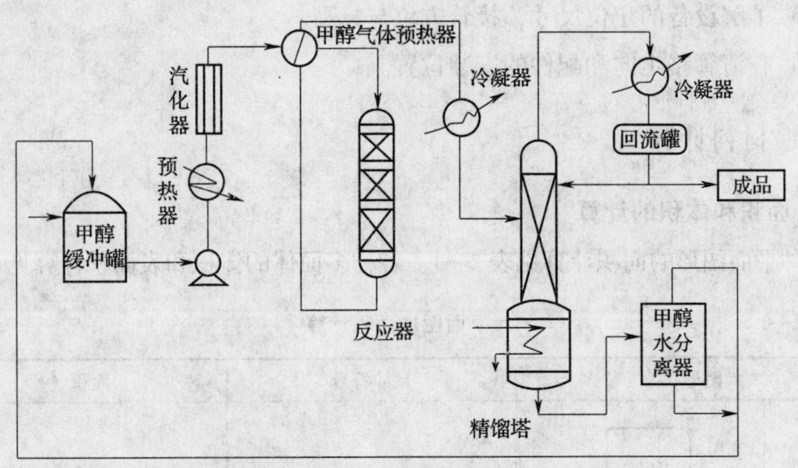

图 2—7　生产燃料级二甲醚（DME）的工艺流程图

2. 管路布置图

管路布置图又称为管路安装图或配管图，是在设备布置图上添加管路及其配件图形或标记构成的。它与设备布置图有大致相同的内容及要求，都有平面与立面图，只是在管路布置图上为了突出管路及其配件，厂房和设备的图形一律用细实线画出，管路一般用粗实线画出，这种用单线条标示管路布置的图样，称之为单线图。对于系统中相对较大直径的管路，也可用略粗的细实线双线画出，这种图样被称为双线图。管路布置图往往由于工艺过程复杂、管线多而难于识读，因此常将管路系统划分为若干个管段，以较大的比例分别绘制各个管段的管路布置图。

近年来，用管路布置轴测图配合模型设计有取代管路布置平面图和立面图的趋势。管路布置轴测图是将管路连同相关的设备绘成立体图，此图富有立体感，容易识读。对于复杂系统的管路系统，应划分为若干管段，分别绘制各管段的管路布置轴测图。

3. 管路布置图的阅读

阅读管路布置图，一般要在熟悉工艺流程图、了解工艺的基础上进行。阅读管路布置图的一般方法是：

（1）概括了解图示内容。通过对管路平面图、立面图或轴测图的阅读，搞清楚图示的内容，立面图、剖视图等与平面图的关系，视图中的方向，剖视图的剖切方向等。

（2）了解厂房、设备及其布局。弄清厂房的层数，设备的相应位置、布局，厂房的跨度，设备与设备或设备与构筑物间的距离，管路是否有穿墙等。

（3）了解设备的定位尺寸，接管方位与标高。

（4）查清管路走向和配件的安装位置。

四、材料计算

1. 面积和体积的计算

各种平面图形的面积计算见表2—1。各种多面体的体积和表面积计算见表2—2。

表2—1　　平面图形面积计算

图形		尺寸符号	面积（F）
正方形	（图：边长 a 的正方形）	a——边长	$F=a^2$
长方形	（图：边长 a、b 的长方形）	a——短边长度 b——长边长度	$F=ab$

续表

图形		尺寸符号	面积（F）
三角形	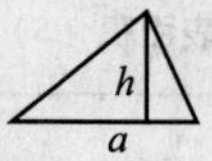	a——底边长 h——高	$F=\frac{ah}{2}$
平行四边形	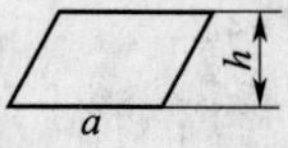	a——底边长 h——高	$F=ah$
梯形	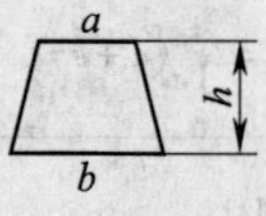	a——上底边 b——下底边 h——高	$F=\frac{a+b}{2}h$
圆形	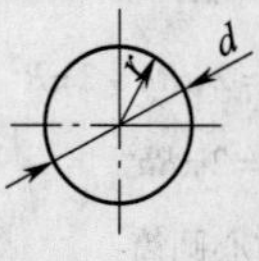	r——半径 d——直径	$F=\pi r^2=\frac{1}{4}\pi d^2$
椭圆形	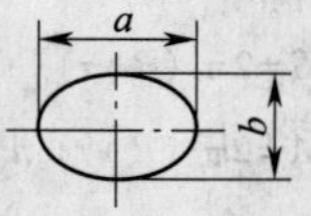	a——长径 b——短径	$F=\frac{\pi}{4}ab$
扇形	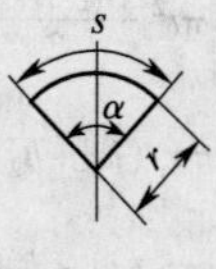	r——半径 s——弧长 α——弧 s 对应的中心角	$F=\frac{1}{2}rs=\frac{\alpha}{360}\pi r^2$
弓形	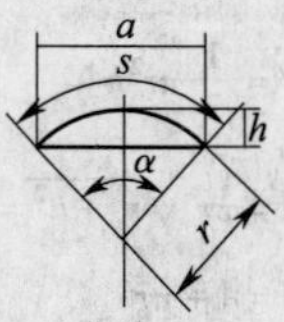	r——半径 s——弧长 α——弦长 h——弦高 a——中心角	$F=\frac{1}{2}[r(s-a)+ah]$ $s=r\alpha\frac{\pi}{180}=0.0175r\alpha$
圆环	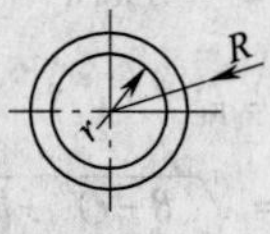	R——外半径 r——内半径	$F=\pi(R^2-r^2)$

表 2—2　　　多面体体积和表面积

图形		尺寸符号	体积（V） 表面积（S）侧表面积（A）
正方形	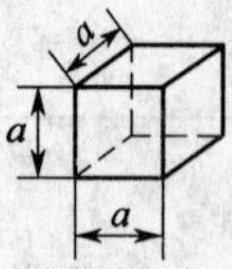	a——边长	$V=a^2$ $S=6a^2$ $A=4a^2$
长方形	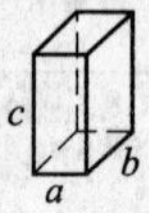	a、b、c——边长	$V=abc$ $S=2(ab+ac+bc)$ $A=2c(a+b)$
圆柱和空心圆筒	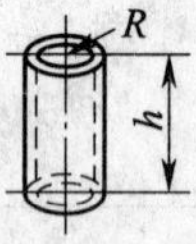	R——外半径 r——内半径 h——高	圆柱： $V=\pi R^2$ $S=2\pi Rh+2\pi R^2$ $A=2\pi Rh$ 空心圆筒： $V=\pi h(R^2-r^2)$ $S=2\pi(R+r)+2\pi(R^2-r^2)$ $A=2\pi(R+r)h$
斜截直圆柱	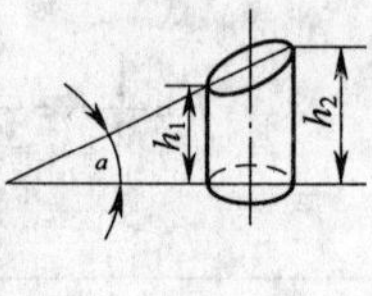	h_1——最小高度 h_2——最大高度 r——底面半径 a——上底面长径与底面夹角	$V=\pi r^2\frac{(h_1+h_2)}{2}$ $S=\pi r(h_1+h_2)+\pi r^2(1+\frac{1}{\cos a})$ $A=\pi r(h_1+h_2)$
直圆锥	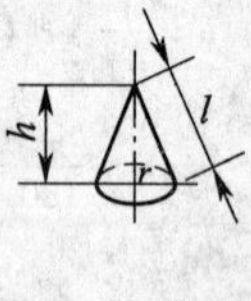	r——底面半径 h——高 l——母线长	$V=\frac{1}{3}\pi r^2h$ $A=\pi r\sqrt{r^2+h^2}=\pi rl$ $S=A+\pi r^2$
锥台	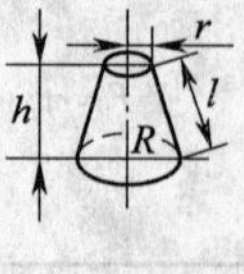	R、r——底面半径 h——高 l——母线长	$V=\frac{\pi h}{3}(R^2+r^2+Rr)$ $A=\pi l(R+r)$ $l=\sqrt{(R-r)^2+h^2}$ $S=A+\pi(R^2+r^2)$

续表

图形		尺寸符号	体积（V） 表面积（S）侧表面积（A）
球		r——半径 d——直径	$V=\frac{4}{3}\pi r^3=\frac{1}{6}\pi d^3=0.523\,6d$ $S=4\pi r^2=\pi d^2$
椭球体		a、b、c——半轴	$V=\frac{4}{3}abc\pi$ $S=2\sqrt{2b}\sqrt{a^2+b^2}$

2. 材料计算

已知材料的面积或体积，便可根据材料的密度或单位面积的质量计算出材料的质量。常用金属和非金属的密度见表 2—3。

表 2—3　　常用金属和非金属材料的密度

材料名称	密度（kg/m^3）	材料名称	密度（kg/m^3）
铸铁	6 600 ~ 7 400	花岗石	2 600 ~ 3 000
碳钢	7 850	石灰石	2 600 ~ 2 800
不锈钢	7 900	石蜡	900
铝板	2 730	沥青	900 ~ 1 500
2# 防锈铝	2 670	橡胶	930
5# 防锈铝	2 650	平胶板	1 600 ~ 1 800
21# 防锈铝	2 730	皮革	400 ~ 1 200
铅板	11 370	纤维纸板	1 300
紫铜	9 000	平板玻璃	2 500
胶合板	560	石英玻璃	2 200
竹材	900	陶瓷	2 300 ~ 2 450
石墨	1 900 ~ 2 000	胶木	1 300 ~ 1 400
水泥	1 200	聚氯乙烯	1 350 ~ 1 400
大理石	2 600 ~ 2 700	聚苯乙烯	910
聚乙烯	920 ~ 950	硬聚氯乙烯板	1 350 ~ 1 600
聚丙烯	980	水磨石	2 400
有机玻璃	1 160	沥青混凝土	2 100
泡沫塑料	200	木材	350 ~ 750

第 2 节　化工基本知识

一、普通化学基本知识

1. 物质及其组成

世界是由物质构成的，一切物质都在不停地运动着。世界上没有不运动的物质，也没有无物质的运动，运动是物质的存在形式，物质的变化是物质运动的一种形式。

物质仅发生外形或状态的变化而没有生成新物质的变化叫做物理变化。有新物质生成的变化叫做化学变化。化学变化和物理变化既有本质的区别，又是互相联系的。物质在发生化学变化时，往往伴随着物理变化，例如，蜡烛燃烧生成二氧化碳和水蒸气是化学变化；而在燃烧过程中，固态的蜡受热熔化则是物理变化。

物质不需要发生化学变化就表现出来的性质，如颜色、气味、聚集状态、密度、熔点、沸点、硬度等，叫做物理性质。物质在化学变化中表现出来的性质，如铁生锈、碳酸氢铵受热发生分解等叫做化学性质。

（1）元素

元素是具有相同核电荷数（即核内质子数）的一类原子的总称。物质都是由元素所组成的。例如，氧气由氧元素组成，氢气由氢元素组成，水由氢和氧两种元素组成，氨由氮和氢两种元素组成等。到目前为止，已经知道的元素约有百余种，这些元素的名称详见门捷列夫元素周期表。

根据元素的性质，大体上可将元素分为金属元素和非金属元素两大类。如铁、铜、铝等都是金属元素，氢、氧、碳等都是非金属元素。

（2）元素符号

为了便于表达和书写，国际上统一采用元素的拉丁文名称的第一个大写字母来表示元素，如果几种元素名称的第一个字母相同时，可再加一个小写字母来区别，这种符号叫做元素符号。例如，氢的元素符号是 H，氧的元素符号是 O，碳的元素符号是 C，铁的元素符号是 Fe 等。元素符号一定要按大写和小写的规定书写，以免发生误解。例如，钴的元素符号是 Co，若写成 CO 就表示一氧化碳了。元素符号既表示一种元素，又表示这种元素的一个原子。

(3) 原子

原子是化学变化中最小的微粒，即在化学反应中不会产生新的原子。

(4) 相对原子质量

相对原子质量的含义是：以碳12原子质量的1/12（约1.66×10^{-27} kg）作为标准，其他原子的质量跟它比较所得的值，就是这种原子的相对原子质量。

(5) 摩尔

摩尔是表示物质的量的单位，每摩尔物质含有阿伏伽德罗常数（6.02×10^{23}）个组成物质的基本单元。摩尔简称摩，符号mol。

(6) 分子

分子是物质中能够独立存在并保持原物质的一切化学性质的最小微粒，由原子组成。

当物质发生物理变化时，它的分子并未发生质的变化，分子的组成不变，所以仍是原来的物质。当物质发生化学变化时，分子被破坏，发生了质的变化，原子重新组合，转变为新的分子。

(7) 单质和化合物

如果一种物质其分子是由同一种元素的原子所组成的，这种物质就叫做单质（简单的物质）；如果一种物质其分子是由两种或两种以上元素的原子所组成的，这种物质就叫做化合物。单质与元素有联系，也有区别，不可混同。元素存在的形式，或者是游离状态，或者是化合状态。只有元素处于游离态时，才叫做单质。所以单质是元素存在的形式之一。

由于单质结构上的不同，一种元素可能形成几种单质。例如，氧有氧气和臭氧两种单质，磷有黄磷、红磷、黑磷等几种单质。

(8) 纯净物和混合物

凡仅含有一种单质或一种化合物的物质叫做纯净物；凡由几种不同的单质或化合物以任意比例混杂在一起形成的物质叫做混合物。

纯净物的特点是只含有一种分子，有一定的组成。混合物的特点是含有几种不同种类的分子，没有固定的组成，各组成物质仍保持它自己原有的性质。不可把化合物误解为混合物。在实际中，如果物质中所含有的杂质很少，不妨碍使用时，也就算作纯净物。一般所说的纯净物，它们的纯度也有差别。例如，生产和科学实验根据不同的要求所用的各种试剂，按纯度由低到高可分为工业纯、化学纯、分析纯、优级纯、光谱纯，直至超纯等规格。

(9) 分子式

利用元素符号来表示分子中所含元素的种类及其原子数目的式子就叫做分子式，分子式是国际通用的，比如水的分子式为 H_2O，表示10个水分子是由2个氢原子和1个氧原子组成的。

（10）相对分子质量

相对分子质量是分子式中各原子的相对原子质量的总和。

2. 电解质溶液与酸、碱、盐

（1）电解质和非电解质

凡是溶于水或在熔化状态下能导电的物质叫电解质，不能导电的物质叫非电解质。例如，食盐、盐酸、氢氧化钠等是电解质；蔗糖、酒精等大多数有机物是非电解质。

电解质在溶液中或在熔融状态下，形成自由移动的离子的过程叫电离。电离并不是由于电流的作用产生的，而是当电解质在溶液时，溶质与溶剂相互作用才产生的，是静电的相互吸引和排斥的结果。

电解质电离出的阴、阳离子所带的电荷总数相等，所以整个溶液不显电性。不同的电解质导电能力是不一样的，溶液的导电能力强弱和单位体积溶液里能够自由移动的离子数目有关。

（2）pH值

根据实验测定，22℃（常温）时纯水中 H^+ 和 OH^- 的浓度相等，都等于 10^{-7} mol/L，即：$[H^+] = [OH^-] = 10^{-7}$ mol/L；任何物质的水溶液，不管它显中性、酸性还是碱性，都同时含有 H^+ 和 OH^-。水溶液的性质由其所含 H^+ 和 OH^- 的多少决定，其中：

中性溶液 $[H^+] = [OH^-] = 10^{-7}$ mol/L

酸性溶液 $[H^+] > 10^{-7}$ mol/L；$[OH^-] < 10^{-7}$ mol/L

碱性溶液 $[H^+] < 10^{-7}$ mol/L；$[OH^-] > 10^{-7}$ mol/L

许多化学反应都在氢离子浓度很小（$10^{-3} \sim 10^{-8}$ mol/L）的条件下进行，为了便于表示这种很小的浓度，避免用负指数的麻烦，通常用负对数来表示溶液的酸碱性。氢离子浓度的负对数称pH值。即：$pH = -1\,g\,[H^+]$

中性溶液 $pH = 7$（$[H^+] = 10^{-7}$ mol/L）

酸性溶液 $pH < 7$（$[H^+] > 10^{-7}$ mol/L，$[H^+]$ 越大，pH值越小，溶液酸性越强）

碱性溶液 $pH > 7$（$[H^+] < 10^{-7}$ mol/L，$[H^+]$ 越小，pH值越大，溶液碱性越强）

pH 值的常用范围是 1～14。测定 pH 值的方法很多，最简便但比较粗略的方法是使用酸碱指示剂和 pH 试纸。比较准确的方法是使用 pH 计测量。

（3）碱

碱在水溶液中都能电离出金属阳离子和氢氧根阴离子（OH^-）。或者说，凡在水溶液中电离出来的阴离子全部是氢氧根离子的化合物，称为碱。

碱是根据金属离子的名称命名的。例如，NaOH 叫氢氧化钠，$Mg(OH)_2$叫氢氧化镁。但要注意，并不是所有根据金属离子的名称命名的氢氧化物都是碱，如氢氧化锌 $Zn(OH)_2$、氢氧化铝 $Al(OH)_3$等是两性氢氧化物，而不是碱。两性氢氧化物是指在溶液中既呈现酸性，又呈现碱性的氢氧化物。有的酸性大于碱性，有的碱性大于酸性。$Zn(OH)_2$和 $Al(OH)_3$是典型的两性氢氧化物。这一类的物质还有很多，如 $Cu(OH)_2$、$Fe(OH)_3$等，它们都是碱性大于酸性的氢氧化物。另外，还有酸性大于碱性的两性氢氧化物，如 $As(OH)_3$、H_3AsO_3等。

碱是电解质，也有强弱之分，NaOH 是强电解质，也是强碱；氢氧化铵是弱电解质，也是弱碱。

（4）酸

酸在水溶液中都能电离出氢离子 H^+和酸根阴离子两个组成部分，或者说凡在水溶液中电离出来的阳离子全部是氢离子的化合物，就称为酸。酸和碱一样是电解质，也有强酸和弱酸之分。盐酸（HCl）、硫酸（H_2SO_4）、硝酸（HNO_3）是强酸；磷酸 H_3PO_4是中强酸；碳酸（H_2CO_3）、氢硫酸（H_2S）、氢氟酸（HF）是弱酸。

根据酸根是否含氧，可将酸分为含氧酸和非含氧酸两大类。非含氧酸如 HCl、HF、H_2S 等，它们的命名比较简单，称为氢某酸。即在氢字后面加上所含另一种元素的名称，HCl 称为氢氯酸（俗称盐酸），HF 称为氢氟酸，H_2S 称为氢硫酸。

含氧酸中除氢和氧两种元素外，还含有另一种成酸元素，如硫酸中的硫元素，它们的命名原则一般就按成酸元素的名称来命名，即称为“某酸”。例如，H_3PO_4称磷酸，H_2SiO_3称硅酸，HNO_3习惯上称硝酸。含氧酸又分两种情况：成酸元素有价态变化的，一般把较稳定的常见价态的酸叫“某酸”（即“正某酸”），比“正某酸”少一个氧原子（低二价）的酸叫“亚某酸”，比“亚某酸”少一个氧原子的酸叫“次某酸”，比“正某酸”多一个氧原子的酸叫“高某酸”。成酸元素价态相同，正酸加热脱水后，又有“焦某酸”和“偏某酸”产生。

根据酸在水溶液中电离出氢离子的个数，可将酸分为一元酸和多元酸。例如，$HN0_3$、HCl 是一元酸；H_2SO_4、H_2S 是二元酸；H_3PO_4是三元酸。二元酸以上的统称为多元酸。

(5) 盐

从电离的观点看，凡在水溶液中能电离出金属离子和酸根的化合物都称为盐，盐可分为正盐、酸式盐、碱式盐等。

1）正盐。氯化钠 $NaCl$、硫化钠 Na_2S，碳酸钠 Na_2CO_3、次氯酸钠 $NaClO$ 、硝酸铵 NH_4NO_3都是正盐。它们在水溶液中，都能电离出金属阳离子和酸根阴离子。非含氧酸正盐的命名是在非金属和金属元素名称中加一个“化”字，如 $NaCl$ 叫氯化钠，Na_2S 叫硫化钠。

含氧酸正盐的命名是在含氧酸的名称后面加上金属元素的名称，如 Na_2CO_3叫碳酸钠，NH_4NO_3叫硝酸铵，$NaClO$ 叫次氯酸钠。有的正盐中金属离子有两种不同价态的，它们的命名是把低价的用“亚”字表示，高价的用“高”字表示。例如，$FeCl_2$叫氯化亚铁，$FeCl_3$叫氯化高铁，$FeSO_4$叫硫酸亚铁，$Fe_2(SO_4)_3$叫硫酸高铁。

2）酸式盐。酸式盐在水溶液中除能电离出金属阳离子和酸根阴离子外，还能电离出 H^+。碳酸氢钠 $NaHCO_3$、磷酸二氢钠 NaH_2PO_4、磷酸氢二钠 Na_2HPO_4都是酸式盐。

酸式盐的命名原则是在正盐的名称当中加上“氢”字，或在前面加上“酸式”两字，如 $NaHCO_3$叫碳酸氢钠，或叫酸式碳酸钠（俗称小苏打）；NaH_2PO_4叫磷酸二氢钠，Na_2HPO_4叫磷酸氢二钠，两者又统称酸式磷酸钠；$NaHSO_4$叫硫酸氢钠，或叫酸式硫酸钠。

3）碱式盐。碱式盐在水溶液中除能电离出金属阳离子和酸根阴离子之外，还能电离出 OH^-。碱式盐的命名原则是在正盐名称前面加上“碱式”两字。$Mg(OH)Cl$ 叫碱式氯化镁，$Cu_2(OH)_2CO_3$叫碱式碳酸铜。

由多元酸脱水生成的偏某酸和焦某酸也有相应的盐，如 $NaPO_3$叫偏磷酸钠，$K_2S_2O_7$叫焦硫酸钾。

3. 化学反应

(1) 质量守恒定律和能量守恒定律

实验证明，参加化学反应的各物质的质量总和，等于反应后生成的各物质的质量总和。

人们从无数的实验中发现，通过化学变化物质所含的能量可以转变为热能（如炭的燃烧）、电能（如电池放电），也可以转变为机械能（如炸药爆炸）等。也就是说，各种形式的能量可以互相转化，但不能无中生有，也不能消灭，这称为能量守恒定律（又称能量不灭定律）。

（2）化学方程式

根据质量守恒定律，可以利用物质的化学式来表示具体的化学反应。这种用化学式来表示化学反应的式子，叫做化学方程式。它是化学反应简明、统一的语言。化学方程式表达了物质在化学反应中质的变化和量的关系。

（3）化学反应类型

1）从形式上分

①分解反应。一种物质分解为一种以上的新物质的反应称为分解反应。例如，碳酸铵受热分解为氨、二氧化碳和水。

②化合反应。一种以上的物质化合成为一种新物质的反应称为化合反应。这是与分解反应相反的反应。

③置换反应。一种物质的原子置换（或取代）了化合物的某种组成原子，生成一种新的化合物和一种新单质的反应，称为置换反应。

④复分解反应。两种化合物互换组分，生成两种新的化合物的反应，称为复分解反应。酸和碱作用，生成盐和水的复分解反应又称中和反应。

2）从本质上分

①非氧化还原反应。反应物的组成元素氧化数不发生变化的反应叫做非氧化还原反应。它可以是分解反应、化合反应，也可以是复分解反应。

②氧化还原反应。反应物的组成元素氧化数发生变化的反应叫做氧化还原反应。它可以是分解反应、化合反应，也可以是置换反应。氧化数的变化是由反应物的组成元素间的电子得失所引起的。我们把有电子得失的化学反应称为氧化还原反应。

二、分析化学基本知识

1. 分析化学的任务和作用

分析化学的任务是鉴定物质的化学结构、化学成分及测定各成分的含量，它们分别属于结构分析、定性分析及定量分析研究的内容。

分析对象包括各种气态、固态或液态的无机物和有机物；分析要求包括各种元素、化合物、原子团和有机官能团等的定性和定量分析，其存在形式和化学结构等方面的分析；分析方法包括各种化学方法、物理化学方法和物理方法等。

2. 分析方法的分类

根据分析任务、分析对象、测定原理、操作方法和具体要求的不同，分析方法有多种分类方法。

（1）结构分析、定性分析和定量分析

结构分析的任务是研究物质的分子结构或晶体结构；定性分析的任务是鉴定物质是由哪些元素、原子团、官能团或化合物所组成；定量分析的任务则是测定物质中有关组分的含量。

（2）无机分析和有机分析

无机分析的对象是无机物，有机分析的对象是有机物，对象不同，要求往往有所不同。在无机分析中，通常要求鉴定试样是由哪些元素、离子、原子团或化合物组成的，各成分的百分含量是多少，有时也要求测定它们的存在形式（物相分析）。在有机分析中，不仅要求鉴定组成元素，更重要的是还要进行官能团分析和结构分析。

（3）化学分析和仪器分析

以物质的化学反应为基础的分析方法称为化学分析法。化学分析法历史悠久，是分析化学的基础，所以又称经典分析法，它包括质量分析法、滴定分析法（容量分析法）等。

1）质量分析法。质量分析法是通过化学处理使试样中的被测组分与其他组分分离，然后称量并计算被测组分的含量。质量分析法根据分离的手段又可分为沉淀法、气化法和电解法，以沉淀法应用最普遍。

2）滴定分析法。滴定分析法是将试样处理成溶液，滴入已知准确浓度的标准溶液中，直到加入的标准溶液量与被测组分的含量之间正好符合化学反应式所表示的化学计量关系时，反应到达了化学计量点（即等当点），由用去标准溶液的体积和浓度计算出被测组分的含量。此法较质量分析法快速、简便。滴定分析法根据反应方式又可分为酸碱滴定法、络合滴定法、沉淀滴定法、氧化还原滴定法等。

以物质的物理和物理化学性质为基础的分析方法称为物理和物理化学分析法。由于这类方法都需要较特殊的仪器，故一般又称为仪器分析法。仪器分析法有光学分析法、电化学分析法、色谱分析法、质谱分析法和放射化学分析法等。

（4）常量分析、半微量分析和微量分析

根据试样的用量及操作方法不同，可分为常量、半微量和微量分析。在无机定性分析化学中，一般采用半微量分析方法，而在经典定量分析化学中，一般采用常量分析方法。还应指出，常量、半微量和微量分析并不表示它们与被测组分的百分含量之间的关系。通常根据被测组分的百分含量，又粗略地分为常量组分（$>1\%$），微量组分（$0.01\% \sim 1\%$）和痕量组分（$<0.01\%$）的分析。

（5）例行分析和裁判分析

例行分析是指一般化验室日常生产中的分析，又叫常规分析。裁判分析通常是指不同单位对某产品的分析结果有争论时，要求有资格的单位用指定的方法进行准确的分析，以判断原分析结果是否准确。裁判分析又称仲裁分析。

三、化学工程及化工设备基本知识

1. 化学工程知识

化学工程是大规模地改变物料的化学组成及机械和物理性质的工程技术。它不仅包括具有化学变化的过程，而且还包括分离混合物为较纯净的不同组分以及改变物理状态和性质的各种生产过程。例如，从油井开采出来的石油，首先经过精馏操作，分离为不同挥发性的各种馏分，若把其中的石脑油作为继续加工的原料，经高温裂解，可得到主要为烯烃的混合物，再用低温分离，可得到乙烯、丙烯等中间产物。乙烯或丙烯通过高压或催化聚合反应，就可得到聚乙烯或聚丙烯。上述例子中的各项工序，都属于化学工程的范畴。

因此，化学工程包括化工、石油、冶金、轻工、核能等工业中具有共同特点的单元操作称化学反应工程，以及生产过程中的流体输送等。

单元操作是化工和与其有关的行业中共同采用的通用物理操作原则和设备。以“干燥”这个单元操作为例，既在造纸、制皂、染料、制药等有机工业中使用，也在陶瓷、制碱、制盐等无机工业中使用。在不同的行业中处理不同物料所用的“干燥”技术都遵循统一的原则。作为化学工程基础的“单元操作”，其内容可分为三部分：流体力学和流体输送、传热过程以及分离过程。

（1）流体力学和流体输送主要包括流体输送、过滤、离心分离、沉降和固体流态化等。

（2）传热过程主要包括热传导、对流和辐射三种热交换方式。蒸发、结晶等也是传热过程的工业应用。

（3）分离过程主要包括气体吸收、蒸馏、干燥、萃取、离子交换、逆渗析等。

在许多单元操作的发展过程中，人们逐渐认识到它们物理作用的共同原则，可进一步归纳为动量传递、热量传递和质量传递三种传递过程，它们有类似的特性，可以找出其间的关系。

2. 化工机械知识

化工机械从广义上讲应包括化工生产过程中所用到的机器和设备，即传动设备和静止设备。

在化工生产中，常需将流体从低处输送至高处，或从低压送至高压，或沿管道送至较远的地方。为达到此目的，必须将一定的外界能量加于流体，以克服流动过程中所产生的阻力并补偿输送流体所不足的总能量。这种为输送所提供能量的机械设备，称为流体输送设备。

化工生产中被输送的流体是多种多样的，因此，流体输送设备的种类也很多。在输送设备中，用于输送液体的机械设备通常称为泵，用于输送气体的机械设备通常称为风机及压缩机。

（1）液体输送设备

1）离心泵。在化工生产中，离心泵是使用最广泛的泵，在化工生产中占有特殊的地位。

离心泵的特点是结构简单、流量均匀，可用耐腐蚀材料制造，易于调节和自控。离心泵的转速一般在1 200 ~ 3 600 r/min，在现代化的大型工厂中，多采用高速离心泵，其转速达17 000 ~ 20 450 r/min。

2）往复泵。往复泵主要由泵体、活塞（或柱塞）和单向活门构成。活塞由曲柄连杆机构带动做往复运动。为了比较均匀、连续地输送液体，化工生产中采用双动泵或三动泵。柱塞泵可以以较高的压力输送液体。

3）计量泵。在连续和半连续的化工过程中，有时需要按照工艺流程的要求精确地输送定量的液体，有时还需要将两种或两种以上的液体按比例进行输送。计量泵就是为了满足这些要求而发展起来的。计量泵又称比例泵，是往复泵的一种，除装设有一套可以准确地调节流量的调节机构外，其基本构造与往复泵相同。

4）旋转泵。旋转泵中无活门等部件，它仅有的活动部分为泵壳内旋转的转子。旋转泵的工作原理正是由于转子的旋转作用，排出和吸入被输送的液体，故旋转泵也称转子泵。旋转泵的结构形式颇多，石油、化工装置中最常见的有齿轮泵和螺杆泵。

5）屏蔽泵。屏蔽泵是一种无泄漏的泵，叶轮和电动机连为一个整体，密封在同一壳体内，不需要填料或机械密封，屏蔽泵也称为无密封泵。

（2）气体输送设备

气体输送设备与液体输送设备大体相同，按结构和工作原理，可分为离心式、往复式、旋转式和流体作用式四类。气体压力变化的程度常用压缩比来表示，压缩比为气体进入和排出输送设备时的压力比值。由于化工生产的各种过程对气体压力变化的要求很不一致，如常压操作，一般不需加压；加压操作（如气相合成）有时需要将气体压缩至几百甚至上千个大气压；而减压操作（如混合物的组分分离）又常常需要造成低于大气压力的状态。因此，气体输送设备可按其终压（出口压力）或压缩比的大小分为四类：

1）通风机：其终压不大于 14.7 kPa（表压），压缩比为 1～1.15。

2）鼓风机：其终压为 15.2～304 kPa（表压），压缩比小于 3。

3）压缩机：其终压为 304 kPa（表压）以上，压缩比大于 3。

4）真空泵：它是造成真空的气体输送设备，可减压到 19.6 kPa（绝压）以下。

3. 化工设备知识

化工设备是指化工生产中静止的或配有少量传动机构组成的装置，主要用于完成传热、传质和化学反应等过程，或用于储存物料。从结构上讲，化工设备多数为圆筒形，具有一个圆筒形的壳，端部有成形的或平板封头，卧式或立式安装，设备筒体或封头上有用于流体进出等的工艺用或监控用接管。这些设备都是为着不同的化工过程和单元操作服务的。化工设备可按下列方法进行分类。

（1）按照设备的设计压力（p）分为负压、常压、低压、中压、高压、超高压化工设备，具体划分如下：

负压化工设备：$p<0.1$ MPa

常压化工设备：$p=0.1$ MPa

低压化工设备：0.1 MPa $<p<$ 1.6 MPa

中压化工设备：1.6 MPa $\leqslant p<$ 10 MPa

高压化工设备：10 MPa $\leqslant p<$ 100 MPa

超高压化工设备：$p\geqslant$ 100 MPa

（2）按照设备在生产工艺过程中的作用分为反应化工设备、换热化工设备、分离化工设备、储存化工设备。具体划分如下：

1）反应化工设备主要用于完成介质的物理、化学反应，如反应器、反应釜、分解锅、硫化罐、分解塔、聚合釜、高压釜、超高压釜、合成塔、变换炉、蒸煮锅、蒸球、蒸压釜、煤气发生炉等。

2）换热化工设备主要用于完成介质的热量交换，如管壳式余热锅炉、热交换器、冷却器、冷凝器、蒸发器、加热器、消毒锅、染色器、烘缸、蒸炒锅、预热锅、溶剂预热器、蒸锅、蒸脱机、电热蒸汽发生器、夹套式设备等。

3）分离化工设备主要用于完成介质的流体压力的平衡缓冲和气体净化分离，如分离器、过滤器、集油器、缓冲器、洗涤器、吸收塔、铜洗塔、干燥塔、汽提塔、除氧器等。

4）储存化工设备主要用于储存、盛装气体、液体、液化气体等介质，如各种形式的储罐。

思 考 题

1. 三视图包括哪三个视图？
2. 化工设备图包括哪些图？
3. 化工工艺的工程视图表达主要是通过哪些图来完成的？
4. 什么叫元素？
5. 无机化学反应的类型有哪几类？
6. 化工设备按其在生产工艺过程中的作用可分为哪几类？

第3章 腐蚀的基本知识

第一节 腐蚀的基本概念

日常生活中，人们常看到这样的现象：早晨打开水龙头时，水管里流出黄色的锈水，经加工后白亮的钢铁放在大气中生锈后变为褐色的氧化铁等，这些就是我们通常所说的生锈。生锈是人们最直观的一种腐蚀现象，它专指铁或铁合金的腐蚀。其他材料也会腐蚀，如铜质奖牌放久以后产生的绿色斑点，我们称为铜绿；银首饰放置时间久了发黑等。不仅仅金属材料会有腐蚀，非金属材料也一样会产生腐蚀，如涂料、塑料等在自然条件下的老化失效等。

生产装置也常因腐蚀频发事故，导致停产甚至人员伤亡事故，这些都给我们带来严重的影响，研究腐蚀及控制腐蚀对国民经济各领域及人们正常的生活都有着重要的意义。

一、腐蚀的定义

由于在工业生产中，金属是主要的结构材料，因此在早期对腐蚀的研究中，主要是研究金属材料的腐蚀现象。随着非金属材料的迅猛发展，非金属材料在工程中的应用越来越广，往往具有独特的耐蚀性能，对非金属材料的耐蚀性能研究引起了人们的重视。

因此，我们把腐蚀定义为：材料（通常是金属）或材料的性质由于与它所处环境的反应而恶化变质。定义包含了三个方面的内容，即材料、环境及反应的种类。

1. 材料

材料包括金属材料、非金属材料。材料是腐蚀发生的内因。如在稀硫酸中，铅很耐蚀，而钢铁腐蚀剧烈，说明不同材料间的腐蚀行为差异是很大的。金属材料通常指纯金属及其合金，工程结构材料中纯金属是很少用的，绝大多数为合金。非金属材料又可分为有机非金属材料与无机非金属材料，种类繁多，性能各异，但它们大多都具有良好的耐腐蚀性能，甚至有独特的耐蚀性，非金属材料在防腐蚀中起着相当重要的作用，我们当然要加以研究和利用。

材料的性质也是我们要研究的，有许多种腐蚀的结果，不是整体材料被腐蚀了，而是使材料的性质发生了变化，使原来塑性很好的材料变脆了（如金属发生应力腐蚀后），或使原来弹性、塑性很好的材料变脆变硬（如橡胶的老化等），腐蚀的结果是材料的质量变化不大，而性质发生了恶化、变质。

2. 环境

环境是腐蚀的外部条件，任何材料在使用过程中总是处于特定的环境中。对腐蚀起作用的环境因素有：

（1）介质

介质的成分、浓度对腐蚀有很大影响，有时介质中有很多种物质，我们要找出对腐蚀起作用的成分（常见的如 H^+、OH^-、溶解氧、Cl^-、Fe^{3+}、Cu^{2+}、SO_4^{2-}、NO_3^- 等）以及这些成分的浓度。这些物质中随着浓度的变化，其腐蚀行为有可能发生相当大的改变，或加剧腐蚀或使腐蚀速率下降。

（2）温度

对腐蚀而言，温度是一个非常重要的因素，随着温度的增加，反应的活化能增加，多数情况下温度的增加会加速腐蚀。工程材料都有一个极限使用温度，许多材料的极限使用温度大大地低于它的蠕变温度，这就是根据腐蚀制定的。

（3）流速

合适的流速对防腐是有好处的，对某些软的材料（如铅），流速过高易引起冲刷腐蚀；对易钝化材料，较高流速可加速氧的输送，使管道或设备处于钝化状态。

（4）压力

压力产生应力。许多金属材料在特定介质中，应力高于某个值时就会产生应力腐蚀破裂。若设备在制造安装过程中就存有应力，则会使发生应力腐蚀所允许的操作压力下降，化工装备过程中的设备压力就是应力的主要来源，控制压力在允许的范围内可以有效地控制应力腐蚀的发生。

3. 反应的种类及过程

腐蚀是材料与环境发生反应的结果。金属材料与环境通常发生化学或电化学反应，非金属材料与环境则会发生溶胀、溶解、老化等反应。

二、腐蚀与防护的意义

腐蚀危害到国民经济的各个部门，不但会造成巨大的经济损失，而且严重地阻碍科学技术的发展，同时对人的生命、国家财产及环境构成极大威胁，对能源造成巨大浪费。

1. 腐蚀对国民经济的影响

不管是发达国家还是发展中国家都遭受腐蚀之苦，只是程度不同而已。世界上每年被腐蚀的钢铁占到当年钢产量的三分之一，其中三分之二可以通过回炉再生，而另三分之一则被完全腐蚀，即每年被完全腐蚀的钢铁约占当年钢产量的 10%，就我国而言，以 2003 年钢材产量 2 亿吨计算，被完全腐蚀的钢铁达 2 000 多万吨。

据《中国工业与自然环境腐蚀问题调查与对策》报告显示，我国 2000 年腐蚀造成的损失按 Hoar 方法计算的直接损失为 2 288 亿元人民币，我国控制腐蚀的水平不如美国、日本等经济发达国家。我国间接损失是直接损失的 1.5 倍，可推算我国当年总腐蚀损失约为 5 000 亿元人民币（相当于 600 多亿美元），占我国国民生产总值（GDP）的 6%，美国 1998 年的腐蚀损失为 2 757 亿美元，占美国当年 GDP 的 2.76%。从这里也可以看出，我国和美国防腐技术存在着非常大的差距。

2. 严重阻碍科学技术的发展

新工艺总是受到企业的欢迎，它可以提升产品质量、降低能耗、减少污染并极大地提高劳动生产率。但许多新工艺研制出来后，因为腐蚀问题得不到解决而迟迟不能大规模工业化生产，如由氨与二氧化碳合成尿素的工艺早在 1916 年就试验成功，但一直未能实现工业化生产，直到 1953 年在发明了设备的耐蚀材料（316 L 不锈钢）后，才得以大规模生产。

美国的阿波罗登月飞船储存 N_2O_4 的高压容器曾发生应力腐蚀破裂，直到科学家们找到了解决的办法——在 N_2O_4 中加入 0.6% NO 之后才得以解决。

3. 对生命、设备及环境的危害

腐蚀的发生是在悄悄进行的，一刻也不会停止，即使灾害即将发生往往也毫无征兆。多数石油化工设备是在高温高压下运行，里面的介质易燃、易爆、有毒，一旦腐蚀产生穿孔、开裂，常常引发火灾、爆炸、人员伤亡及环境污染，这些损失比起设备的价值通常要大得多，有时无法统计清楚。例如，一个热力发电厂由于锅炉管子腐蚀爆裂，更换一根管子价格不会太高，但因停电引起大片工厂停产其损失是十分严重的。

由腐蚀带来的危害有很多。1967 年 12 月，位于美国西弗吉尼亚州和俄亥俄州之间的俄亥俄桥突然塌入河中，死亡 46 人。事后检查，是由于钢梁因为应力腐蚀破裂和腐蚀疲劳而产生裂缝所致。

1970 年，日本大阪地下铁道的瓦斯管道因腐蚀破坏而折断，造成瓦斯爆炸，乘客当场死亡 75 人。

1971 年 5 月和 1972 年 1 月，四川省某天然气输送管线因发生硫化氢应力腐蚀而两次爆炸，引起特大火灾，仅其中一次就死亡 24 人。

1985 年 8 月 12 日，日本一架波音 747 客机由于发生应力腐蚀破裂而坠毁，一次死亡 500 多人。

1997 年 6 月 27 日，北京某化工厂 18 个乙烯原料储罐因硫化物腐蚀发生火灾，直接经济损失达 2 亿多元。

4. 腐蚀与防护理论对基础设施建设的指导意义

腐蚀与防护的研究对重要基础设施的建设有着重要的作用，如我国的三峡水利工程和西气东输工程，腐蚀与防护的问题是工程是否能顺利进行的重要因素，经过我国腐蚀与防护工程技术人员的多年研究，结合国外先进的防腐蚀技术应用才使这些重要的基础设施建设得以顺利完成。

由上可见，腐蚀与防护工作对国民经济及人民生活有着十分重要的意义。

三、腐蚀的本质

在自然界中大多数金属常以矿石形式即金属化合物的形式存在，而腐蚀则是一种使金属回复到自然状态的过程。例如，铁在自然界中大多为赤铁矿（主要成分为 Fe_2O_3），而铁的腐蚀产物铁锈主要成分也是 Fe_2O_3，可见，铁的腐蚀过程正是回复到它的自然状态的过程。

金属化合物通过冶炼还原出金属的过程大多是吸热过程。因此，需要提供大量热能才能完成这种转变过程；而当在腐蚀环境中，金属变为化合物时却能释放能量，其释放的热量正好与冶炼过程中吸收的热量相等。可用下式概括金属腐蚀过程和冶金过程，从下式中可看出，腐蚀是冶金的逆过程：

$$\text{金属单质} + O_2 \underset{\text{冶金}}{\overset{\text{腐蚀}}{\rightleftharpoons}} \text{金属化合物} + \text{热量}$$

铁会腐蚀，是因为单质状态的铁比它的化合状态具有更高的能量。在自然条件下，金属铁自发地转变为能量更低的化合物状态，从不稳定的高能态变为稳定的低能态。腐蚀过程就像水从高处向低处流动一样，是自发进行的。

金属腐蚀的本质就是金属由能量高的单质状态自发地向能量低的化合物状态转变的过程。

从能量观点来看，金属腐蚀的倾向也可以从矿石中冶炼金属时所消耗能量的大小来判断；冶炼时，消耗能量大的金属较易腐蚀，例如铁、铅、锌等；消耗能量小的金属，腐蚀倾向就小，像金这样的金属在自然界中以单质状态（砂金）存在，它就不易被腐蚀。

四、腐蚀的类型

由于金属腐蚀的现象与机理较复杂，涉及的范围又广，因此腐蚀的分类方法较多。

1. 按照腐蚀反应的机理分类

（1）化学腐蚀

指金属与非电解质发生化学作用而引起的破坏，反应特点是只有氧化—还原反应，无电流产生。化学腐蚀通常为干腐蚀，腐蚀速率相对较小。如铁在干燥的大气中、铝在无水乙醇中，实际上单纯化学腐蚀是很少的，上述介质常因含有水分而使金属的腐蚀由化学腐蚀转变为电化学腐蚀。

（2）电化学腐蚀

指金属与电解质溶液因发生电化学作用而产生的破坏。反应过程中均包括阳极反应和阴极反应两个过程，在腐蚀过程中有电流流动（电子和离子的运动）。

电化学腐蚀是最普遍、最常见的腐蚀，有时单独造成腐蚀，有时和力、生物共同作用产生腐蚀。当某种金属在特定的电解质溶液中同时又受到拉应力作用时，将可能发生应力腐蚀破裂，例如，奥氏体不锈钢在含氯化物水溶液的高温环境中会发生这种类型的腐蚀；金属在交变应力和电解质的共同作用下会产生腐蚀疲劳，例如，酸泵泵轴的腐蚀；金属若同时受到电解质和机械磨损的共同作用，则可发生磨蚀，例如，管道弯头处和热交换器管束进口端因受液体湍流作用而发生冲击腐蚀；高速旋转泵的叶轮由于在高速流体作用下产生空泡腐蚀等。

微生物的存在能促进金属的电化学腐蚀。例如，土壤中的硫酸盐还原菌可把 SO_4^{2-} 离子还原成 H_2S，从而大大加快了土壤中碳钢管道的腐蚀速度。

2. 按照腐蚀的环境分类

可分为大气腐蚀、水和蒸汽腐蚀、土壤腐蚀、化学介质（酸、碱、盐）腐蚀等。

3. 按照腐蚀的形态分类

（1）全面腐蚀

腐蚀分布在整个金属表面上，它可以是均匀的，也可以是不均匀的，但总的来说，腐蚀的分布和深度相对较均匀。碳钢在强酸中发生的腐蚀就属于均匀腐蚀，这是一种质量损失较大而危险性相对较小的腐蚀，可按腐蚀前后质量变化或腐蚀深度变化来计算腐蚀率，并可在设计时将此因素考虑在内（即腐蚀余量）。

（2）局部腐蚀

腐蚀主要集中在金属表面某些极小的区域，由于这种腐蚀的分布、深度很不均匀，常在整个设备较好的情况下，发生局部穿孔或破裂而引起严重事故，所以危险性很大。常见的局部腐蚀有以下一些形式，如图 3—1 所示。

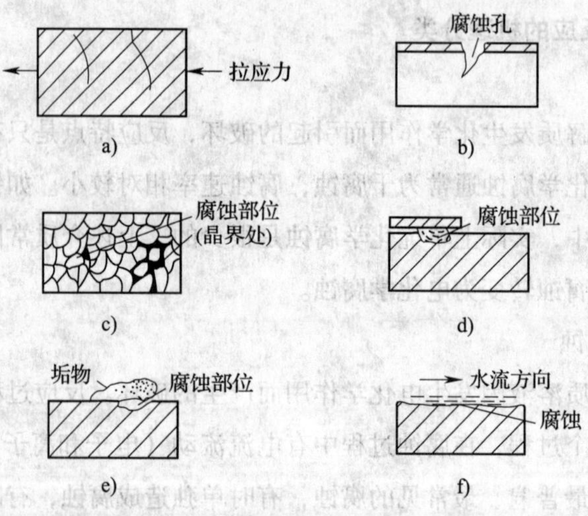

图 3—1　局部腐蚀形式

a）应力腐蚀破裂　b）点蚀　c）晶间腐蚀（金相组织）

d）缝隙腐蚀　e）垢下腐蚀　f）冲刷腐蚀

1）应力腐蚀破裂。在局部腐蚀中出现得最多，造成的损失也最大。例如，碳钢、低合金钢处在熔碱、硫化氢或海水中，奥氏体不锈钢（18－8 型）在热氯化物水溶液中（NaCl、$MgCl_2$等溶液）会发生此种破坏。裂纹特征在显微观察下呈树枝状，断口呈脆性断裂，如图 3—1a 所示。

2）点蚀（小孔腐蚀）。破坏主要集中在某些活性点上并向金属内部深处发展，通常腐蚀深度大于孔径，严重的可使设备穿孔。不锈钢和铝合金在含 Cl^- 的水溶液中常发生此种破坏形式，如图 3—1b 所示。

3）晶间腐蚀。腐蚀发生在晶界上，并沿晶界向纵深处发展，如图 3—1c 所示，从金属外观看不出明显变化，而被腐蚀的区域强度丧失。通常晶间腐蚀出现于奥氏体不锈钢、铁素体不锈钢和铝合金的构件中。

4）电偶腐蚀。不同金属在同一电解质中互相接触所发生的腐蚀。例如，热交换器的不锈钢管和碳钢管板连接处，碳钢将加速腐蚀。

5）缝隙腐蚀。在电解质溶液中，腐蚀发生在具有一定宽度的缝隙内，如法兰连接面、焊缝等处。多数金属材料会发生此种腐蚀，如图 3—1d 所示。如发生在沉积物下面，则为垢下（沉积物）腐蚀，如图 3—1e 所示。

其他局部腐蚀还有冲刷腐蚀（见图 3—1f）、选择性腐蚀（例如黄铜脱锌）、氢脆、空泡腐蚀等。

第 2 节　金属电化学腐蚀的基本概念

金属在电解质溶液中发生的腐蚀称为电化学腐蚀。这里所说的电解质溶液，简单来说就是能导电的溶液，它是金属产生电化学腐蚀的基本条件。几乎所有的水溶液，包括雨水，淡水，海水，酸、碱、盐的水溶液，甚至从空气中冷凝的水蒸气都可以成为构成腐蚀环境的电解质溶液。电化学腐蚀是金属最常见、最普遍的腐蚀形式。

一、金属腐蚀的化学反应和电化学反应

1. 金属腐蚀的化学反应

腐蚀虽然是一个复杂的过程，但金属在电解质溶液中发生的电化学腐蚀通常可以简单地看做是一个氧化还原反应过程，可用化学反应式表示。

金属在酸中的腐蚀：如锌、铝等活泼金属在稀盐酸或稀硫酸中会被腐蚀并放出氢气，其化学反应式如下：

$$Zn + 2HCl \longrightarrow ZnCl_2 + H_2\uparrow \tag{3—1}$$

$$Zn + H_2SO_4 \longrightarrow ZnSO_4 + H_2\uparrow \tag{3—2}$$

$$2Al + 6HCl \longrightarrow 2AlCl_3 + 3H_2\uparrow \tag{3—3}$$

金属在中性或碱性溶液中的腐蚀：如铁在水中或潮湿的大气中生锈，其化学反应式如下：

$$4Fe+6H_2O+3O_2 \longrightarrow 4Fe(OH)_3\downarrow \text{脱水} \longrightarrow 2Fe_2O_3\,(\text{铁锈})+6H_2O \quad (3—4)$$

金属在盐溶液中的腐蚀：如锌、铁等在三氯化铁及硫酸铜溶液中均会被腐蚀，其化学反应式如下：

$$Zn+2FeCl_3 \rightarrow 2FeCl_2+ZnCl_2 \quad (3—5)$$

$$Fe+CuSO_4 \rightarrow FeSO_4+Cu\downarrow \quad (3—6)$$

2. 金属腐蚀的电化学反应

上述化学反应式虽然表示了金属的腐蚀反应，但未能反映其电化学反应的特征。因此，需要用电化学反应式来描述金属电化学腐蚀的实质。如锌在盐酸中的腐蚀，由于盐酸、氯化锌均是强电解质，所以式（3—1）可写成离子形式：

$$Zn+2H^++2Cl^- \rightarrow Zn^{2+}+2Cl^-+H_2\uparrow \quad (3—7)$$

在这里，Cl^- 反应前后化合价没有发生变化，实际上没有参加反应，因此式（3—7）可简化为：

$$Zn+2H^+ \rightarrow Zn^{2+}+H_2\uparrow \quad (3—8)$$

式（3—8）表明，锌在盐酸中发生的腐蚀，实际上是锌与氢离子发生的反应。锌失去电子被氧化成锌离子，同时在腐蚀过程中，氢离子得到电子，还原成氢气。所以式（3—8）就可分为独立的氧化反应和独立的还原反应。

$$\text{氧化反应：} Zn \rightarrow Zn^{2+}+2e \quad (3—9)$$

$$\text{还原反应：} 2H^++2e \rightarrow H^2\uparrow \quad (3—10)$$

式（3—8）清晰地描述了锌在盐酸中发生电化学腐蚀的电化学反应。显然该式比式（3—7）更能揭示锌在盐酸中腐蚀的实质。

在腐蚀术语中，通常把氧化反应即放出电子的反应通称为阳极反应（式3—9），把还原反应即接受电子的反应通称为阴极反应（式3—10）。因此，金属电化学腐蚀是由至少一个阳极反应和一个阴极反应构成的电化学反应。

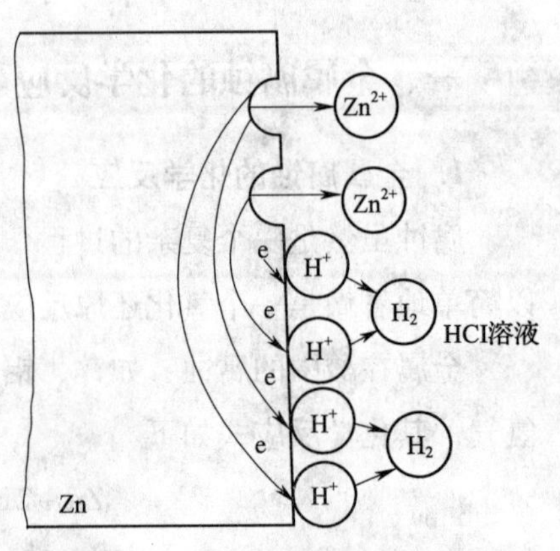

图3—2　锌在无空气的盐酸中腐蚀时发生的电化学反应

如图3—2所示为锌在盐酸中腐蚀时的电化学反应过程示意图。图中表明，浸在盐酸中的锌表面的某一区域被氧化成锌离子进入溶液并放出电子，通过金属传递到锌表面的另一区域被氢离子所接受，并还原成氢气。锌溶解的这一区域称为阳极，遭受腐蚀。而产生氢气的这一区域称为阴极。因此，腐蚀电化学反应实质上是一个发生在金属和溶液界面上的多相界面反应。从阳极传递电子到阴极，再由阴极进入电解质溶液。这样一个通过电子传递的电极过程就是电化学腐蚀过程。

电化学腐蚀反应过程中的阳极反应和阴极反应是同时发生的，但不在同一地点进行，这是电化学腐蚀与化学腐蚀的主要区别之一。电化学腐蚀过程中的任意一个反应停止了，另一个反应（或整个反应）也跟着停止。

电化学腐蚀过程中的阳极反应，总是金属被氧化成金属离子并放出电子。可用下列通式表示：

$$M \rightarrow M^{n+} + ne \tag{3—11}$$

式中　M——被腐蚀的金属；

M^{n+}——被腐蚀金属的离子；

ne——金属放出的自由电子数。

式（3—11）适用于所有金属腐蚀反应的阳极过程。

电化学腐蚀过程中的阴极反应，总是由溶液中能够接受电子的物质（称为去极剂或氧化剂）吸收从阳极流来的电子。可用下列通式表示：

$$D + ne \rightarrow [D \cdot ne] \tag{3—12}$$

式中　D——去极剂（或氧化剂）；

[D · ne]——去极剂接受电子后生成的物质；

ne——去极剂吸收的电子数。

在腐蚀过程中，去极剂所进行的反应均为阴极反应。常见的去极剂有三类：第一类去极剂是氢离子，还原生成氢气，所以这种反应又称为析氢反应。

$$2H^{+} + 2e \rightarrow H_2\uparrow \tag{3—10}$$

第二类去极剂是溶解在溶液中的氧，在中性或碱性条件下还原生成 OH^- 离子，在酸性条件下生成水，这种反应常称为吸氧反应或耗氧反应。

$$\text{中性或碱性溶液中：} O_2 + 2H_2O + 4e \rightarrow 4OH^- \tag{3—13}$$

$$\text{酸性溶液中：} O_2 + 4H^+ + 4e \rightarrow 2H_2O \tag{3—14}$$

第三类去极剂是氧化性的金属离子，这类反应往往产生于局部区域，虽然较少见，但能引起严重的局部腐蚀。这类反应一般有两种情况，一种是金属离子直接还原成金属，称为沉积反应，如锌在硫酸铜中的反应：

$$Zn + Cu^{2+} \rightarrow Zn^{2+} + Cu\downarrow$$

阴极反应： $Cu^{2+} + 2e \rightarrow Cu\downarrow$ （3—15）

另一种是还原成较低价态的金属离子，如锌在三氯化铁溶液中：

$$Zn + 2Fe^{3+} \rightarrow Zn^{2+} + 2Fe^{2+}$$

阴极反应： $Fe^{3+} + e \rightarrow Fe^{2+}$ （3—16）

上述三类去极剂的五种还原反应见式（3—10）、式（3—13）、式（3—14）、式（3—15）及式（3—16），它们为最常见的阴极反应，在这些反应中有一个共同的特点，就是都消耗电子。

所有电化学腐蚀反应都是一个或几个阳极反应与一个或几个阴极反应的综合反应。如上述铁在水中或潮湿的大气中生锈，就是由式（3—11）与式（3—13）的综合，列式为：

阳极反应： $2Fe \rightarrow 2Fe^{2+} + 4e$

阴极反应： $+）O_2 + 2H_2O + 4e \longrightarrow 4OH^-$

$$2Fe + O_2 + 2H_2O \longrightarrow 2Fe^{2+} + 4OH^-$$

$$\downarrow$$

$$2Fe(OH)_2\downarrow$$

在实际腐蚀过程中，往往会同时发生一种以上的阳极反应和一种以上的阴极反应，如铁—铬合金腐蚀时，铬和铁二者都被氧化，并以各自的离子形式进入溶液。同样的，在金属表面也可以发生一种以上的阴极反应，如含有溶解氧的酸性溶液，既有析氢的阴极反应 $2H^+ + 2e \rightarrow H_2$ ，又有吸氧的阴极反应 $O_2 + 4H^+ + 4e \rightarrow 2H_2O$ 。因此，含有溶解氧的酸溶液比不含溶解氧的酸的腐蚀性要强得多。三价铁离子也有这样的效应，工业盐酸中常含有杂质 $FeCl_3$ ，在这样的酸中，因为有两个阴极反应，即析氢反应 $2H^+ + 2e \rightarrow H_2$ 和三价铁离子的还原反应 $Fe^{3+} + e \rightarrow Fe^{2+}$ ，所以金属的腐蚀也严重得多。

二、腐蚀电池

1. 腐蚀电池产生的条件

我们知道，如果将两个不同的电极用盐桥和导线连接起来就可以构成原电池。例如，把锌和硫酸锌水溶液、铜和硫酸铜水溶液这两个电极连接起来，就可成为铜锌原电池（丹尼尔电池），如图 3—3 所示。在此电池中，若 $ZnSO_4$ 水溶液中 Zn^{2+} 活度 $a_{Zn^{2+}} = 1$，$CuSO_4$ 水溶液中 Cu^{2+} 活度 $a_{Cu^{2+}} = 1$，温度为 298 K（即均处于标准状态），则可计算该原电池的电动势为：

$$E^{O} = E^{o}_{Cu^{2+}/Cu} - E^{o}_{Zn^{2}/Zn} = +0.337 - (-0.763) = 1.100\ V$$

在这一原电池的反应过程中，锌溶解到硫酸锌溶液中而被腐蚀，电子通过外部导线流向铜而产生电流，同时铜离子在铜上析出。电流的方向是从铜极到锌极，而电子流动的方向正好与此相反。因此，铜极是正极，而锌极是负极。

原电池可用下面的形式表达：

正极的反应：$Cu^{2+} + 2e \rightarrow Cu\downarrow$

负极的反应：$Zn \rightarrow Zn^{2+} + 2e$

电池反应：$Cu^{2+} + Zn \rightarrow Cu\downarrow + Zn^{2+}$

电池可表达为：(负极) $Zn \mid ZnSO_4 \parallel CuSO_4 \mid Cu$(正极)，其中“‖”表示盐桥，“|”表示电极中两相界面。

原电池的构成并不限于电极金属浸入含有该金属离子的水溶液中。如果将锌与铜浸到稀硫酸中，如图 3—4 所示，铜和锌之间也存在电动势，两极间也产生电位差，这就是伏特电池。它与前面所说的丹尼尔电池的不同之处在于：这两个电极均不是金属在自身离子溶液中构成的，所以这两个电极均不是平衡电极。这种原电池中负极（阳极）仍然为锌，正极（阴极）为铜，但是在铜上进行的是 H^+ 的还原反应。

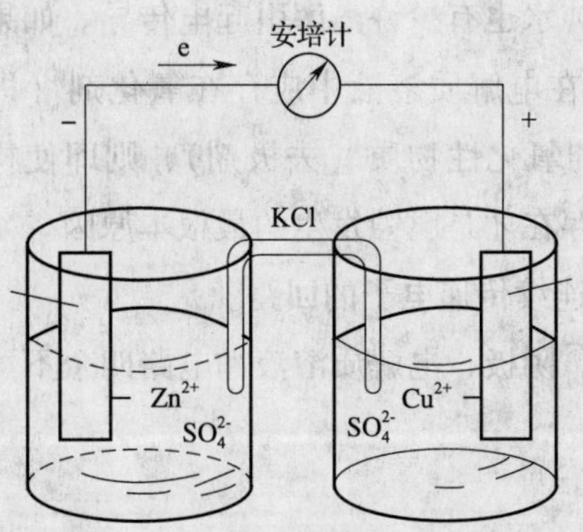

图 3—3　铜锌原电池装置示意图

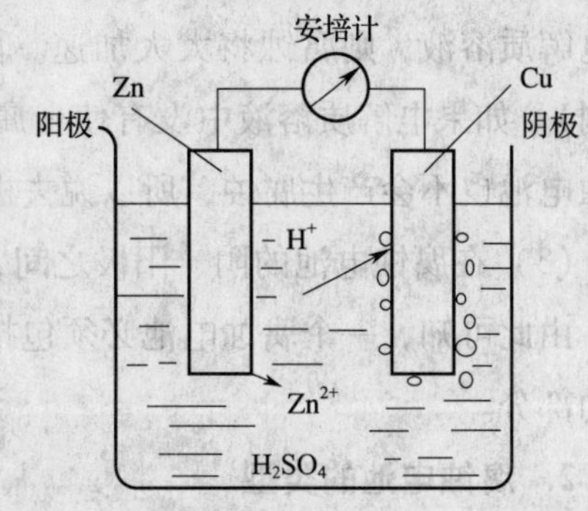

图 3—4　腐蚀电池示意图

该原电池的电化学反应过程如下：

阳极（Zn 极）上的反应：$Zn \rightarrow Zn^{2+} + 2e$（氧化反应）

阴极（Cu 极）上的反应：$2H^+ + 2e \rightarrow H_2\uparrow$（还原反应）

原电池的总反应：$Zn + 2H^+ \rightarrow Zn^{2+} + H_2\uparrow$

原电池可表示为：(阳极) $Zn \mid H_2SO_4 \mid Cu$ (阴极)

同样，在这一电化学反应过程中，锌溶解于硫酸中而遭受腐蚀，铜则不受腐蚀。由此可见，金属电化学腐蚀正是由于不同电极电位的金属在电解质溶液中构成了原电池而产生的，通常将这种导致金属腐蚀的电池称为腐蚀原电池或腐蚀电池。在腐蚀电池中，电极不用正、负极的说法，而规定电极电位正的电极为阴极（如上例中的Cu电极），而电极电位负的为阳极（如上例中的Zn电极），腐蚀电池使阳极的溶解加快了，而阴极的还原也加快了。在整个电池中总的氧化反应速度和总的阴极还原反应速度都比构成电池前的要大，这就使得处于电池阳极的金属腐蚀加大，而处于阴极的金属腐蚀减小或停止。

由以上剖析可以得出，形成腐蚀电池必须具备以下条件：

（1）存在电位差，即要有阴、阳极存在，其中阴极电位总比阳极电位正，阴、阳极之间产生的电位差是腐蚀电池的推动力。电位差的大小反映出金属电化学腐蚀的倾向。

产生电位差的原因很多，不同金属在同一环境中互相接触会产生电位差，如上述Cu与Zn在H_2SO_4溶液中可构成电偶腐蚀电池；同一金属在不同浓度的电解质溶液中也可产生电位差而构成浓差腐蚀电池；同一金属表面状态不同，如物理不均匀性等均可产生电位差，这将在腐蚀电池类型中介绍。

（2）要有电解质溶液存在，使金属和电解质之间能传递离子，这里所说的电解质只要稍微有一点离子化就够了，即使是纯水也有少许离解引起电传导。如果是强电解质溶液，则腐蚀将大大加速。同时，在电解质溶液中应存在氧化剂（即去极剂）。如果电解质溶液中没有使金属腐蚀的氧化性物质（去极剂），则即使构成腐蚀电池也不会产生腐蚀，所以说去极剂的存在才是腐蚀发生的最根本原因。

（3）在腐蚀电池的阴、阳极之间，要有连续传递电子的回路。

由此可知，一个腐蚀电池必须包括阳极、阴极、电解质溶液和电路四个不可分割的部分。

2. 腐蚀电池的类型

根据腐蚀电池中电极大小不同，可分为宏观腐蚀电池与微观腐蚀电池两大类型。

（1）宏观腐蚀电池

宏观腐蚀电池即凭肉眼可以区分出阴阳极的“大电池”，常见的有以下两种类型。

1）电偶电池。同一电解质溶液中，两种具有不同电极电位的金属或合金通过电连接形成的腐蚀电池称为电偶电池。电位较负的金属遭受腐蚀，而电位较正的金属则得到保护。例如，通有冷却水的碳钢—黄铜冷凝器及船舶中的钢壳与其铜合金推进器等均构成这类腐蚀电池。此外，化工设备上不同金属的组合中（如螺栓、螺母、焊接材料等和主体设备连接，也常出现接触腐蚀）。

在这里促使形成电偶电池的最主要因素是异金属，两种金属的电极电位相差越大电偶腐蚀越严重。另外，电池中阴、阳极的面积比和电介质的导电率等因素对电偶腐蚀也产生一定影响。

2）浓差电池。同一金属的不同部位所接触的介质具有不同浓度，引起了电极电位的不同而形成的腐蚀电池称为浓差电池，常见的有以下两种：

①金属离子浓差电池。同一种金属浸在不同金属离子浓度的溶液中构成腐蚀电池。现以下面的实验说明，如图 3—5 所示。

把两块面积和表面状态均相同的铜片分别浸在浓度不同的 $CuSO_4$溶液中，用半透膜隔开，离子可彼此通过而溶液不会混合，从电流计看出电流由浓 $CuSO_4$电极流向稀 $CuSO_4$电极，说明金属离子的低浓度区为阳极区，高浓度区为阴极区，则低浓度区的铜会遭受腐蚀。

在生产过程中，如铜或铜合金设备在流动介质中，流速较大的一端 Cu^{2+} 较易被带走，出现低浓度区域，这个部位电位成为阳极，遭受腐蚀，而在滞留区则 Cu^{2+} 聚积，成为阴极。

在一些设备的缝隙和疏松沉积物下部，因与外部溶液的去极剂浓度有差别，往往会形成浓差腐蚀的阳极区域而遭腐蚀。

②氧浓差电池。由于金属与含氧量不同的溶液相接触而引起的电位差所构成的腐蚀电池。氧浓差电池又称充气不均电池。这种腐蚀电池是造成金属缝隙腐蚀的主要因素，在自然界和工业生产中普遍存在，造成的危害很大。

金属浸入含有溶解氧的中性溶液中形成氧电极，如果介质中溶解氧含量不同，就会因氧浓度的差别产生电位差；介质中溶解氧浓度越大，氧电极电位越高，而在氧浓度较小处则电极电位较低成为腐蚀电池的阳极，这部分金属将受到腐蚀，最常见的有水线腐蚀和缝隙腐蚀。

桥桩、船体、储罐等在静止的中性水溶液中受到严重腐蚀的部位常在靠近水线下面，受腐蚀部位形成明显的沟或槽。这种腐蚀称为水线腐蚀，如图 3—6 所示。

由于水的表层含有较高浓度的氧，而氧的扩散速度缓慢，水的下层氧浓度则较低，表层的氧如果被消耗，将可及时从大气中得到补充，但水下层的氧被消耗后由于氧不易到达而补充困难，因而产生了氧的浓度差。表层为富氧区，水下为贫氧区，导致弯月面处成为阴极区、弯月面下部则成为阳极区而遭受腐蚀。

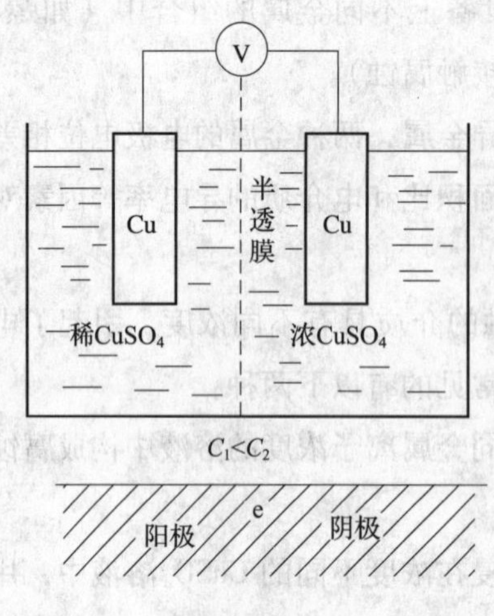

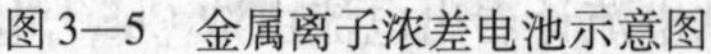

图3—5　金属离子浓差电池示意图

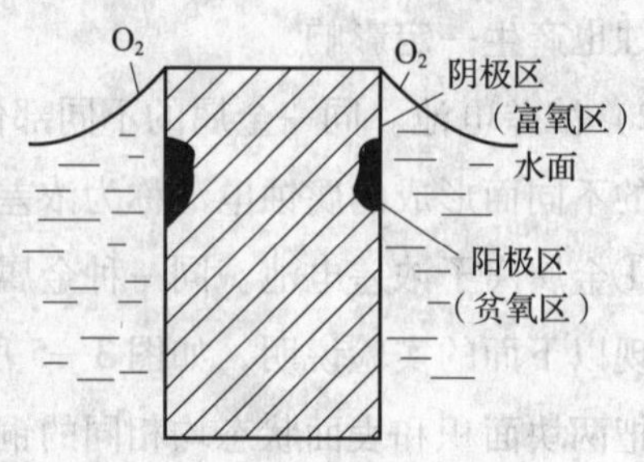

图3—6　水线腐蚀示意图

氧的浓差电池也可在缝隙处和疏松的沉积物下面发生而引起缝隙腐蚀及垢下腐蚀。通常，电位较负的金属，如铁等易受氧浓差电池腐蚀，而电位较正的金属如铜等易受金属离子浓差电池腐蚀。

（2）微观腐蚀电池

在金属表面上由于存在许多极微小的电极而形成的电池叫做“微电池”。微电池腐蚀是由于金属表面的电化学不均匀性所引起的自发而又均匀的腐蚀；电化学不均匀性的原因主要有以下几个方面：

1）金属化学成分的不均匀形成的腐蚀电池。工业上使用的金属常含一些杂质，因而当金属与电解质溶液接触时，这些杂质与基体金属构成了许多短路的微电池系统，其中电极电位低的组分遭受腐蚀。

如锌中含有杂质元素铁、锑、铜等，由于它们的电位较高，成为微电池中的阴极，而锌本身则为阳极，因而加速了锌在 H_2SO_4 中的溶解（腐蚀），如图3—7所示。显然，锌中含阴极组分的杂质越少，阴极面积越小，整个反应速度就越慢，锌的腐蚀也越小。因此，不含杂质的锌在酸中较稳定。

碳钢和铸铁是工业上最常用的材料，由于它们的金相组织中含有 Fe_3C 及石墨，当与电解质溶液接触时，Fe_3C 及石墨的电位比铁正，构成了无数个微阴极，从而加速了铁的腐蚀。

2）金属组织结构的不均匀形成的腐蚀电池。如在工业纯铝的组织中，晶粒电位比晶界电位正，因而晶界成为微电池中的阳极，如图3—8所示，腐蚀首先从晶界开始。

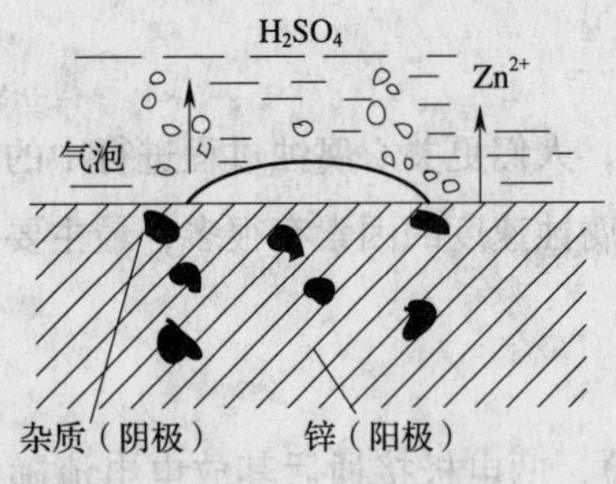

图 3—7　锌与杂质形成微电池示意图

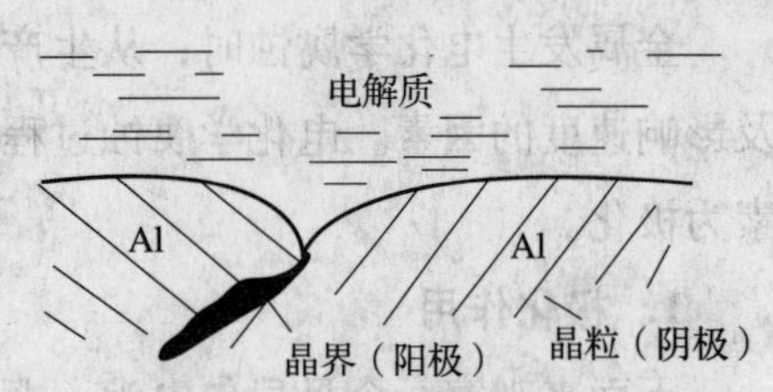

图 3—8　金属铝的晶粒与晶界形成微电池

3）金属物理状态的不均匀形成的腐蚀电池。金属在机械加工过程中造成金属各部分变形及内应力的不均匀性，一般情况下是变形较大和应力集中的部位成为阳极，如图 3—9 所示。如在铁板弯曲处及铆钉头部发生腐蚀即属于这个原因。

此外，金属表面温度的差异、光照的不均匀等也会影响各部分电位发生差异而遭受腐蚀。

4）金属表面膜的不完整形成的腐蚀电池。金属表面上生成的膜如果不完整，有孔隙或有破损，则孔隙下或破损处相对于表面膜来说，在接触电解质时具有较负的电极电位，成为微电池的阳极，腐蚀由此开始，如图 3—10 所示。

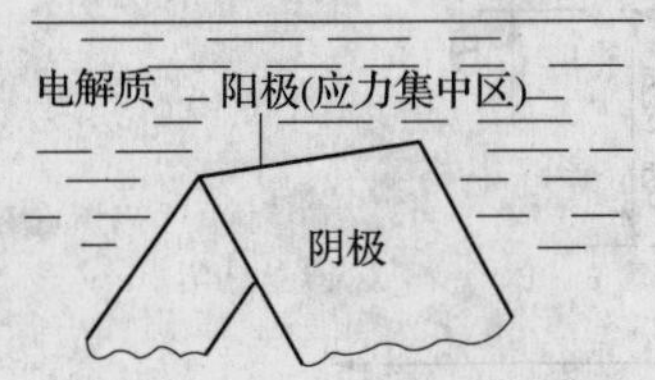

图 3—9　金属形变及内应力不均匀形成微电池示意图

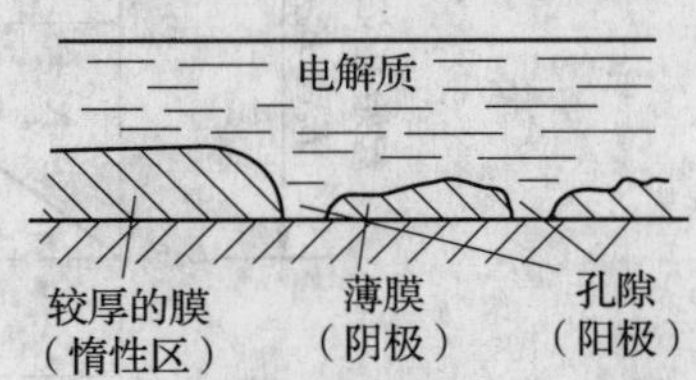

图 3—10　金属表面膜的不完整形成微电池示意图

实际上要使整个金属表面上的物理和化学性质、金属各部位所接触的介质的物理和化学性质完全相同，使金属表面各部分的电极电位完全相等是不可能的。由于上述各种因素，使金属表面的物理和化学性质存在差别而使金属表面各部位的电位不相等，这统称为电化学不均匀，它是形成微电池的基本原因。

综上所述，腐蚀电池与原电池的结构和作用原理并无本质区别，腐蚀电池的特征是一种短路了的原电池，这种电池工作时产生的电流不能被利用，电能以热的形式散失掉了，其结果只是加速了金属的腐蚀。

三、极化与去极化作用

金属发生电化学腐蚀时，从生产实际出发，人们更关心腐蚀过程进行中的速度及影响速度的因素。电化学腐蚀过程中，影响腐蚀速度的因素有很多，最主要的因素为极化。

1. 极化作用

下面来观察一个丹尼尔电池（见图 3—11），两电极接通后其放电电流随时间而变化。外电路接通前，外电阻为无穷大，外电流为零；在外电路接通的瞬间观察到一个很大的起始电流 $I_{始}$，根据欧姆定律 $I_{始}=\dfrac{E_{e,Cu}-E_{e,Zn}}{R}$，随后电流又很快地减小到一个稳定的电流值 $I_{稳}$。为什么电池开始作用后其电流会减小呢？由欧姆定律可知，影响的因素是电池两极间的电位差和电池内外电路的总电阻。因为电池接通后其内外电路的电阻不会随时间而发生显著变化，所以电流强度的减小只能是由于电池两极间的电位差发生变化的结果。实验测量证明确实如此。

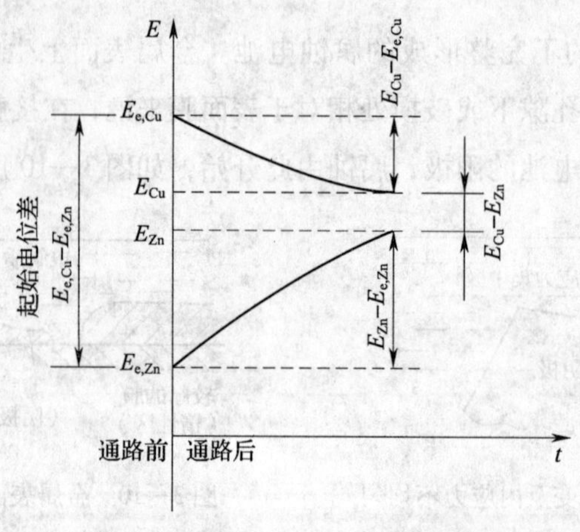

图 3—11　电位—时间曲线

图 3—11 表示电池电路接通后，两极电位变化的情况。从图上可以看出，当电路接通后，阴极（铜）的电位变得越来越负，阳极（锌）的电位变得越来越正，两极间的电位差变得越来越小。最后，当电流减小到稳定值 $I_{稳}$时，两极间的电位差减小到（$E_{Cu}-E_{Zn}$），而 E_{Cu}和 E_{Zn}分别是对应于稳定电流值时阴极和阳极的有效电位。由于（$E_{Cu}-E_{Zn}$）比（$E_{e,Cu}-E_{e,Zn}$）小很多，所以，在 R 不变的情况下，$I_{稳}$必然要比 $I_{始}$小很多。

$$I_{稳}=\frac{E_{Cu}-E_{Zn}}{R} \tag{3—17}$$

由于通过电流而引起原电池两极间电位差减小，并引起电池工作电流强度降低的现象，称为原电池的极化现象。当通过电流时阳极电位向正的方向移动的现象，称为阳极极化。当通过电流时阴极电位向负的方向移动的现象，称为阴极极化。

在原电池放电时，从外电路看，电流是从阴极流出，然后再进入阳极。我们称前者为阴极极化电流，称后者为阳极极化电流。显然，在同一个原电池中，阴极极化电流与阳极极化电流大小相等、方向相反。

2. 去极化作用

消除或减弱阳极和阴极的极化作用的电极过程称为去极化作用或去极化过程。相应地有阳极的去极化过程和阴极的去极化过程。

能消除或减弱极化作用的物质，称为去极剂。和极化作用相反的，去极化作用将使金属电化学腐蚀速度增加，因此如果在介质中没有去极剂的存在，金属会由于极化作用而使腐蚀速度很低，几乎不发生腐蚀。

各类腐蚀电池作用的情况基本上与上述原电池短路时的情况相似，由于腐蚀电池的极化作用，使腐蚀电流减小从而降低了金属的腐蚀速度。若没有极化作用，金属电化学腐蚀的速度将要大得多，这对金属设备和材料的破坏将更为严重，所以，对减缓金属电化学腐蚀来说，极化是一种有益的作用。金属的钝化就是阳极极化的一个典型应用。去极化的作用与极化正好相反，增加去极化会使腐蚀速度增加。

四、金属的钝化

1. 钝化现象

不少金属在标准电极电位序中处在氢的前面，它们的标准电极电位很低，在腐蚀环境中应该很易被腐蚀。例如，铝（$E^0_{Al^{3+}/Al} = -1.66\ V$），但事实上铝在潮湿大气或中性的水中却十分耐蚀，其原因正是由于铝的表面极易同空气中的氧形成一层表面膜，而阻止了进一步腐蚀，这就是钝化现象。

金属发生钝化后所形成的表面膜可以从下列实验中观察到：

把一小块铁浸入 70% 的室温硝酸中，没有反应发生，然后往杯中加等体积的水，使硝酸浓度稀释至 35% 也没有变化，如图 3—12a、图 3—12b 所示，取一根有锐角的玻璃棒划伤硝酸中的一小块铁，立即发生剧烈反应，放出棕色的 NO_2 气体，铁迅速溶解，如图 3—12c 所示。另取一块铁片直接浸入 35% 的室温硝酸中，也发生剧烈的反应。

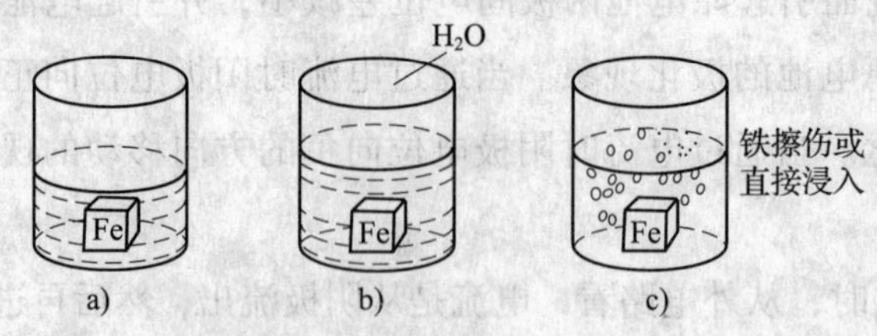

图3—12　法拉第的铁钝化试验示意图

a）浓 HNO_3 无反应　b）稀 HNO_3 无反应（钝态）　c）稀 HNO_3 剧烈反应（活态）

以上就是著名的法拉第证明铁的钝化试验。实验表明，70%的硝酸可使铁表面形成保护膜，使它在后来不溶于35%的硝酸中，但当表面膜一旦被擦伤，立即失去保护作用，金属失去钝性。此外，如果铁不经70%的硝酸处理，则会受到35%硝酸的强烈腐蚀。

当金属发生钝化现象之后，它的腐蚀速度几乎可降低为原来的 $1/10^6 \sim 1/10^3$，然而钝化状态一般相当不稳定，像上述实验中擦伤一下膜就受到损坏。因此，钝态虽然提供了一种极好的减轻腐蚀的机会，但由于钝态较易转变为活态，所以必须慎重使用。

2. 钝化定义

对钝化的定义有较多的说法。一般认为，某些活泼金属或其合金，由于它们的阳极过程受到阻滞，因而在很多环境中的电化学性能接近于贵金属，这种性能叫做金属的钝性。金属具有钝性的现象就叫做钝化。如铝经钝化后电极电位迅速升高，接近铂、金等贵金属。

铬、镍、钼、钛、锆、不锈钢、铝、镁等金属或合金在一定环境中，由于钝化膜的形成，使这个体系由原来没有钝化膜时的较负的腐蚀电位（即活化电位）向正方向移动而形成钝化。所以这类金属往往有两个腐蚀电位（如在电偶序中的不锈钢就有一个较负的活性电位及一个较正的钝态电位），因此，这类金属称为活性—钝性型金属。

3. 活性—钝性型金属的耐蚀性

同一个金属有两个不同的腐蚀电位是一个很有实际意义的问题。如果把一块不锈钢和一块碳钢同时放在热的稀硫酸中，刚放入时，由于不锈钢有完整的氧化膜，测得其电位比碳钢正得多。随后，将碳钢与不锈钢连接，此时形成了不锈钢为阴极、碳钢为阳极的宏电池。因而在不锈钢表面有氢析出，氢将与氧化膜中的氧起反应，破坏了不锈钢的钝化膜，使不锈钢活化，结果不锈钢和碳钢之间电位差将降为零。如果用另一块仍然保持钝性的不锈钢换出那块碳钢，则可测得保持钝性的不锈钢与活化了的不锈钢之间的电位差与原来的碳钢与钝化的不锈钢之间的电位差大致相等。钝化的不锈钢是阴极，活化的不锈钢是阳极。再加硝酸到硫酸中，可以使得活化了的不锈钢再度钝化，两块不锈钢都呈钝性状态，它们之间的电位差又降到零。

当不锈钢表面上存在某些氧到达不到了局部区域，而其余表面仍然保持钝性时，这些局部区域的表面钝性将被破坏，活性和钝性的不锈钢表面将产生电位差，形成电偶腐蚀电池，电池导致阳极表面的严重腐蚀。这种活性—钝性电池是不锈钢在某些环境中发生点蚀和缝隙腐蚀的原因之一。

活性—钝性型金属只有处于钝化状态即表现出其钝性时，才具有良好的耐腐蚀性，有些金属或合金如铝、锌、钛、不锈钢等，在空气或溶液中氧的作用下即可钝化，这类金属称为自钝化型金属，具有自钝化性能的金属在其钝化膜受到破坏时，常可以自行修复，因而具有很好的耐蚀性。

非自钝化型的活性—钝性型金属在一定条件下也可以利用外加作用使其处于钝化状态下工作，使金属保持在钝化状态的方法一般有以下两种：

（1）阳极钝化法

就是用外加电流使金属阳极极化而获得钝态的方法，也叫电化学钝化法。如碳钢在稀硫酸中，可利用恒电位仪通入电流，保持所需的电位及电流密度，阳极保护法就是这种方法。

（2）化学钝化法

就是用化学方法使金属由活性状态变为钝态的方法。如将金属放在一些强氧化剂中（如浓硝酸、浓硫酸、重铬酸盐、铬酸盐等溶液）中处理，可生成保护性氧化膜。能引起金属钝化的物质叫做钝化剂。缓蚀剂中的阳极型缓蚀剂就是利用钝化的原理。

第 3 节　影响腐蚀的主要因素

腐蚀的过程同任何事物的变化一样，都受到内因与外因这两个因素的制约，内因是变化的根本，外因是变化的条件。腐蚀定义中所指的材料（或材料的性质）是内因，而环境是外因，材料通过环境的作用而发生腐蚀。

一、材料因素

1. 金属种类

腐蚀是由金属的阳极溶解反应与介质中去极剂的阴极还原反应（即去极化作用）共同作用的结果。腐蚀的阴阳极反应随着金属种类的不同会有变化。对于阳极反应，不同金属的平衡电极电位是不一样的；对于阴极反应，即使同一种阴极去极剂的还原反应，在不同金属电极材料上其交换电流密度也是不一样的。

一般来说，金属的平衡电位越正，其热力学稳定性越高，腐蚀倾向越小。但是，腐蚀过程是否明显发生，还受动力学因素的影响。如钛、铝等这样一些金属，虽然它们的平衡电位很负，但在某些介质中，它们却因钝化而获得很高的耐蚀性。

2. 合金元素与微量杂质

合金元素与杂质之间无明确的分界线。通常把对某种性能有改善作用的元素称为合金元素，其余一些元素称为杂质，合金材料中诸元素的存在，应根据实际所处环境进行具体分析。因此，合金元素对腐蚀反应的影响随腐蚀环境而变，不存在一个普遍适用的法则。

有些合金元素加入量存在一个临界值，达到该值，合金的腐蚀性能急剧变化，例如，铁铬合金铬铁原子比达1∶8时到达一个耐蚀性的突变，这种组成的铁铬合金在空气中能形成完整、致密的钝化膜，所以有“不锈钢”之称。

有些合金元素或杂质，随着条件的不同，或加速腐蚀，或抑制腐蚀。如果杂质或合金元素能作为阳极溶解反应或阴极反应的活性点则会促进腐蚀，如锌在酸性溶液中，由于存有铜和铁杂质（局部阴极）而使腐蚀加剧。对于能够钝化的金属，某些阴极性杂质或合金元素的存在会促其钝化，如铁碳合金中元素碳能促其在浓硫酸中钝化。

3. 其他因素

(1) 表面状态

因电化学腐蚀反应是从金属材料的表面开始的，所以金属材料的表面状态对腐蚀行为影响较大，特别是对弱腐蚀环境下的腐蚀，如大气腐蚀等有显著的影响。

金属表面的粗糙度影响水分及尘粒的吸附，水与尘粒的吸附促进金属腐蚀。一般来说，金属表面越是均匀、光滑，耐蚀性越好。机械加工粗糙的不锈钢表面或施工中造成的机械划伤，都能增加该材料对点蚀、应力腐蚀等局部腐蚀的敏感性。

(2) 内应力

冷加工、焊接及装配均会使金属产生内部应力，这些应力通常是拉（张）应力，可以增加局部腐蚀（如应力腐蚀）的敏感性。

（3）热处理

以消除内应力、使成分均匀化为目的的热处理能够提高耐蚀性，尤其是对抑制局部腐蚀的发生更为有效。

不适当的热处理或焊接工艺，可使奥氏体不锈钢在敏化温度区间停留或反复通过敏化区增加对晶间腐蚀的敏感性。

（4）电偶效应

在许多实际应用中，不同材料的接触是不可避免的。在复杂的生产工艺介质和管道设施中，不同的金属和合金常常和腐蚀介质相互接触，电偶效应总是使处于电偶电池为阳极的金属材料的腐蚀速率增加，特别要注意面积效应对阳极腐蚀率的影响。

二、环境因素

1. 去极剂种类与浓度

水溶液中的 H^+、溶解氧、Cu^{2+} 及 Fe^{3+} 等都是腐蚀过程中常见的阴极去极剂。去极剂的存在，是金属产生电化学腐蚀的必要因素。一般来说，在非钝化体系腐蚀速度随去极剂浓度的增大而增大，如碳钢在盐酸中的腐蚀速率随盐酸浓度增加而增大。在可钝化体系随去极剂浓度的增大，可能使金属进入钝化区，从而降低金属的腐蚀速度。

2. 溶液 pH 值

pH 值对腐蚀有影响。一般在酸性溶液中的腐蚀速度随 pH 值的增加而减小；中性溶液中，以氧去极化反应为主，腐蚀速度不受 pH 值的影响；在碱性溶液中，金属常有钝化的情况发生，腐蚀速度下降。对于两性金属，在强碱性溶液中，腐蚀速度再次增加。

3. 温度

总的来说，腐蚀过程中的阳极与阴极反应的速度均随温度的上升而增加。如在水中，水温每升高 10℃，碳钢的腐蚀速度约加快 30%。

温度升高还使得金属的钝性发生改变，使钝化变得困难甚至不能钝化。例如，18—8 不锈钢在浓硝酸中，室温下处于钝态（很接近过钝化区），当温度升高时发生过钝化而腐蚀，其腐蚀速度迅速增加。

温度分布的不均匀，常对腐蚀反应有极大的影响。例如，热交换器中，通常高温部位成为阳极而腐蚀加速。

4. 流速

对于电化学腐蚀的阴极过程处于氧浓度极化控制时，溶液流速的影响是重要的。对于非钝化体系，其影响为随着流速的增加，腐蚀速度增加。对于钝化体系，当流速到达一定程度时，由于到达铁表面的氧超过使铁钝化的氧临界浓度而导致铁钝化，腐蚀速度下降；但在极高流速下，钝化膜被冲刷破坏，腐蚀速度又增大。

5. 溶解盐与阴、阳离子

溶于水中的盐类对金属腐蚀过程的影响较为复杂，具体有以下情况：

（1）某些盐类水解后，使溶液的 pH 值发生变化，进而对腐蚀过程产生影响，其中强酸与弱碱生成的盐，如 $AlCl_3$、$NiSO_4$、NH_4NO_3等，溶于水后使溶液呈酸性，一般将对氢去极化腐蚀起促进作用；弱酸与强碱生成的盐，如 Na_3PO_4、Na_2CO_3、Na_2SiO_3等，溶于水后使溶液呈碱性，将抑制钢铁的腐蚀。

（2）某些盐类的阴、阳离子对腐蚀过程有特殊作用。含有卤素的阳离子氧化剂，如 $FeCl_3$、$CuCl_2$等，几乎能使大多数金属结构材料的腐蚀速度增加。卤素离子对金属的钝化膜有特别大的局部破坏作用，多数钝化型金属由于卤素离子的作用而发生局部腐蚀。

（3）亚硝酸钠、重铬酸钾、铬酸钾等氧化性盐类在开始时，随着这些盐浓度的增加会促进腐蚀；但当超过某个临界浓度时，则能使某些金属钝化，从而抑制腐蚀。

环境因素除了上述几方面以外，广泛存在于自然界和工业环境中的微生物，常常由于它们的生命过程或代谢产物而加速金属的腐蚀；异金属沉积会产生局部电偶电池，使处于阳极的设备本体材料受到腐蚀；硬水中的一些离子形成的垢层也会影响金属的腐蚀。

三、设备结构因素

结构设计、制造工艺以及安装上的错误或者考虑不周，都可能造成材料的表面特性和力学状态的改变。归纳起来，设备结构对腐蚀的影响主要有下列一些因素。

1. 应力

某些腐蚀是与力有关的，如应力腐蚀破裂、腐蚀疲劳及磨损腐蚀等，这些腐蚀分别是在拉应力、交变应力和剪切应力作用下，材料与介质作用发生腐蚀破坏，因此任何减小或改变应力方向的措施都可以有效地防止上述腐蚀的发生。如图 3—13 所示为设计中应避免尖角产生应力集中。

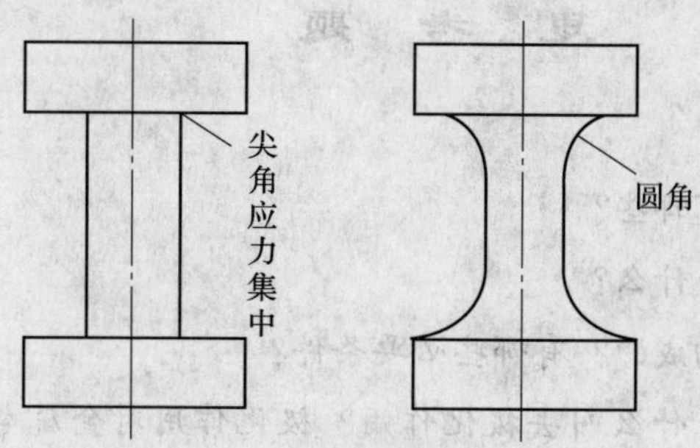

图 3—13　避免应力集中的设计

2. 表面状态与几何形状

不适当的表面状态与几何形状会引起点蚀、缝隙腐蚀以及浓差电池腐蚀等，也会增加残余应力，发生应力腐蚀破裂等。如焊接时表面引弧或表面划痕将促进点蚀的发生；焊接后产生的残余应力与相应介质的互相作用下会出现应力腐蚀破裂。

3. 异金属组合

在系统中或在某台设备中，选用电偶序中电位不同的金属，当处于电解质溶液中，会造成接触部位的电偶腐蚀，导致电位较低的金属溶解速度增大。

4. 结构设计不合理

化工生产设备停车时，如排污孔不能将液体及沉积物排净，则将滞留在设备底部，当大修期停车时间较长时，往往会造成因 Cl^- 离子浓缩而产生点蚀、缝隙腐蚀等破坏，如图 3—14 所示。

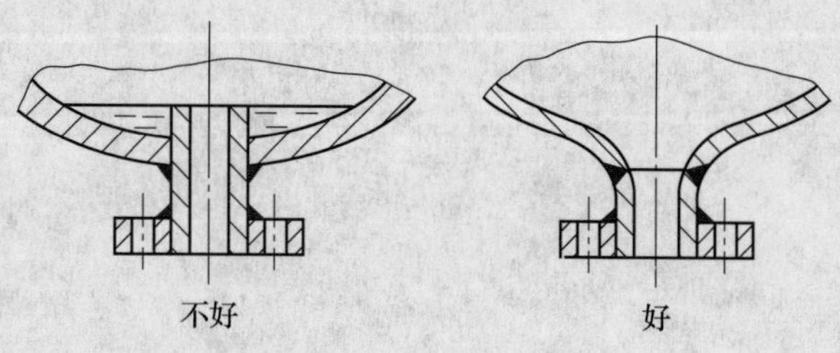

图 3—14　容器底部的设计

通过上述分析可知，设备结构设计不合理，往往会使设备留下许多腐蚀隐患，应当引起足够的重视。

思考题

1. 腐蚀的定义。

2. 腐蚀的常见类型有哪些？

3. 金属腐蚀的本质是什么？

4. 腐蚀电池是如何构成的？有哪些必要条件？

5. 什么叫极化作用？什么叫去极化作用？极化作用对金属电化学腐蚀速度有什么影响？

6. 影响金属腐蚀的主要环境因素有哪些？

第4章 防腐蚀方法

第1节 合理选材及防腐蚀设计

一、合理选材

正确合理地选择材料，是做好防腐蚀工作中最重要的一环。合理选材是一项细致而又复杂的工作，它既要考虑材料的结构、性质以及在使用中可能发生的变化，又要考虑工艺条件及在生产中可能发生的变化。合理选材是一个调查研究、综合分析与比较鉴别的过程。选用材料应遵循以下一些基本原则。

1. 介质和工作条件

这是选择材料的首要问题。选择材料首先必须了解所处理的是什么介质和介质的性质（如浓度、温度、压力、所含杂质情况、介质流动情况和流速以及其他可能遇到的特殊情况等），也就是通常所说的环境条件。首先必须充分考虑这些条件，然后根据具体要求选择适当的耐蚀材料。例如，在硝酸这样典型的氧化性酸中应选用在这种介质中易形成良好氧化性的材料，如不锈钢、铝、钛等金属材料；而当硝酸浓度不同时，这些材料又显示不同的耐蚀性。当然，还要考虑温度、压力等其他条件的影响。选用高分子材料时还应考虑老化、蠕变以及分解等问题。

当前新工艺、新材料不断涌现，因而单纯考虑材料的耐一般腐蚀性能已远远不能满足实际需要了，认真考虑材料的耐局部腐蚀性能，如耐点蚀、晶间腐蚀、疲劳腐蚀、应力腐蚀破裂等性能十分重要。特别是在高强度和超高强度材料以及各种各样的现代材料飞速发展的今天，局部腐蚀显得尤为重要。

有些产品要求干净，必须防止金属离子的污染，如医药、食品等工业就必须注意这类问题。一般常选用铝、不锈钢、搪瓷以及其他非金属材料等。

2. 材料的物理机械性能

这个问题一般是化工机械设计中所必须考虑的问题。如热性能、抗拉强度、屈服强度、冲击值、疲劳强度、高低稳强度、断裂韧性、成型加工性能、焊接性能、铸造性能等，可按其要求加以选用。有些材料的耐蚀性很好，但强度不够，则可选做衬里或喷镀用的材料，如衬铅、搪铅、喷铝等，当然选用作为金属覆盖层时还有其他考虑的因素，材料的机械性能并非唯一的原因。

对于非金属结构材料或防腐衬里材料还必须考虑它们是否便于施工制造，应结合目前施工条件、制造水平等因素考虑施工的可能性。例如，砖板衬里，施工时除要求被衬基底表面平整、清洁、利于衬层黏合以外，还要求设备有足够的刚度和强度，以支撑这些砖板衬里层。

3. 与系统中其他材料的适应性

这是一个容易被忽略的问题。在整个系统中与腐蚀介质相接触的材料常有多种，如果不同电极电位的金属直接接触，会产生电偶腐蚀，电位较负的金属成为阳极遭受腐蚀。有的虽然没有直接接触，或采用了很好的绝缘措施，但当系统中出现阴极性更强的金属离子时，就会从溶液中析出，在阳极金属表面沉淀，通过电偶作用使阳极性金属产生腐蚀。这种情况常常发生在软水系统和锅炉系统中，在这些系统中，当采用铜的冷凝器和给水加热器时，铜离子就可能进入溶液，累积后铜就会在锅炉管上沉积引起电偶腐蚀。因此在选用材料时，不仅要考虑直接接触的电偶腐蚀问题，而且还要考虑整个系统中材料相互适应的问题。

4. 材料的价格和来源

研究腐蚀与防护的主要目的之一就是为了增产节能。如果单纯地从防腐蚀的角度出发，不顾成本选用最好的材料，这样做显然是不合理的。因此，选用材料必须结合考虑材料的来源与价格，尽量做到技术上先进，经济上合理。一般地说，能采用低一级的材料就不要选用高一级的，能采用一般材料的就不必选用特殊材料，能采用来源广泛的就不要选用稀缺的。当然，如为了确保安全稳定、均衡生产，在经过经济分析后，确实能体现技术先进和经济合理，而且材料来源又有可能时，适当选用较高档的材料，应该说也是合理的。

各种材料都有优缺点，要做到每一种材料都能得到最佳的应用条件，即做到物尽其用，就必须从材料和环境各方面进行详细的全面综合分析，要做到这点，除了必须具备较系统的腐蚀与防护基本概念外，还应有丰富的实践经验，这些必须通过调查研究或实验去积累。

二、合理的防腐蚀设计

搞好化工防腐蚀，首先在设计时就应有足够的考虑，充分运用有关腐蚀及其控制的知识和经验，设计出综合性能好、使用寿命长、安全经济的设备，这样才能为今后生产运行及维护打下良好的基础。

防腐蚀设计的内容主要包括选材、工艺设计、强度设计、防腐蚀方法选择和正确的结构设计等。选材要考虑耐蚀性，尤其是耐点蚀、应力腐蚀破裂、晶间腐蚀、缝隙腐蚀和耐腐蚀疲劳的性能；当然还要考虑材料的物理力学性能、加工性能和材料来源、价格等各方面。在强度设计时，要考虑腐蚀环境对于材料强度的影响，特别要注意产生局部腐蚀、腐蚀疲劳和蠕变情况下的强度设计。正确的结构设计能减轻设备腐蚀，要尽可能消除缝隙，防止形成液体滞留、污垢和沉积物的聚集，还应避免流体的直接冲刷及设备的振动。此外，还应注意整个系统中材料的相互适应性等，这些都与腐蚀密切相关，是设计时应考虑的通则。

1. 对基体的要求

钢制的设备、管子、管件的钢材表面，不得有伤痕、气孔、夹渣、重叠皮、严重腐蚀斑点；加工表面必须平整，表面局部凹凸不得超过 2 mm。

铸铁、铸钢类设备，管子、管件表面的锐角、棱角、毛边，铸造残留物必须彻底打磨清理，表面应光滑平整，圆弧过渡。

设备接管不应伸出设备内表面。设备盖、塔节、插入管应采用法兰连接。

铆接设备内的铆接缝应为平缝，铆钉应采用埋头铆钉，使设备内部无铆钉头突出。

在防腐蚀衬里的设备、管子、管件上，必要时应设置检漏孔，在适当位置上应设置排气孔。

基体经表面预处理后，应全面检查合格、办理工序交接手续，经过签证后方可进行防腐蚀施工。

2. 对焊接的要求

设备壳体焊接宜采用双面对焊焊接。焊缝要平整、无气孔、焊瘤和夹渣。焊缝高度不得大于 2 mm。要彻底清除焊接飞溅物。焊缝宜磨平或磨成圆弧过渡。

设备壳体焊缝必须采用连续焊，焊缝不得有裂缝或连续咬边情况，咬肉深度不应超过 0.5 mm。

设备转角和接管部位应保证焊接要求。焊缝应饱满，并且细致打磨成钝角，形成圆弧过渡，不得有毛刺和棱角。

角焊缝的圆角部位，焊脚高应为 $H>5$ mm，一般凸出角应为 $R>3$ mm，内角应为 $R>10$ mm。

在清理组对卡具时，严禁损伤基体母材。施焊过程中严禁在基体母材上引弧。

第2节 表面覆盖层

用耐蚀性能良好的金属或非金属材料覆盖在耐蚀性能较差的材料表面，将基底材料与腐蚀介质隔离开来，以达到控制腐蚀的目的，这种保护方法称为覆盖层保护。这样的覆盖层称为表面覆盖层。

表面覆盖层保护法是防腐蚀方法中应用最普通的一种，也是最重要的方法之一。它不仅能大大提高基底金属的耐蚀性能，而且能节约大量的贵重金属和合金。表面覆盖层主要有金属覆盖层和非金属覆盖层两大类。

一、金属覆盖层

金属覆盖层一般有电镀、化学镀、热喷涂（喷镀）、双金属和金属衬里等。

双金属是用热轧法将耐蚀金属覆盖在底层金属上制成的复合材料。如在钢板上压上一层不锈钢板或薄镍板，或将纯铝压在铝合金上，这样就可以使价廉的或具有优良机力学能的基底金属与具有优良耐蚀性能的表层合金很好地结合起来，达到节省材料或提高强度的目的。这类材料一般都为定型产品。

金属衬里就是把耐蚀金属衬在基底金属（一般为普通碳钢）上，如衬铅、衬钛、衬铝、衬不锈钢等。衬里的方法多种多样。铅衬里也可用做块状材料（如耐酸砖、板等）衬里的中间层，铅可衬也可搪，搪铅就是把铅熔融搪在金属表面上，可以起到衬铅的作用，并且紧密地熔焊在基底金属上，不会鼓泡。但铅在熔化时铅蒸汽有毒，必须加强安全措施，以防操作人员中毒。

无论是双金属还是金属衬里，一般都是完整无孔的，且都具有一定的厚度，只要施工得当，就可起到该材料应有的耐蚀作用。而一般所指的金属覆盖层多数是指各种金属镀层，如电镀、化学镀、热喷涂（喷镀）、热浸镀等，这类覆盖层多数是有孔的，并且很薄。喷镀虽可喷得很厚，但仍是多孔的。因此，这类覆盖层应考虑到它们在介质中的电化学行为，才能起到应有的防护效果。

根据金属覆盖层在介质中的电化学行为可将它们分为阳极性覆盖层和阴极性覆盖层两类：

1. 阳极性覆盖层

这种覆盖层的电极电位比基体金属的电极电位负。使用时，即使覆盖层的完整性被破坏，也可作为牺牲阳极继续保护基体金属免遭腐蚀。阳极性覆盖层的保护性能主要取决于覆盖层的厚度，覆盖层越厚，其保护效果越好。在一定条件下的锌、镉、铝对碳钢为阳极性覆盖层。

2. 阴极性覆盖层

这种覆盖层的电极电位比基体金属的电极电位正。使用时，只能机械地保护基体金属免遭腐蚀，一旦覆盖层的完整性被破坏，将会与基体金属构成腐蚀电池，加快基体金属腐蚀。阴极性覆盖层的保护性能取决于覆盖层的厚度和孔隙率，覆盖层越厚，孔隙率越低，其保护性能越好。一般情况下，镍、铜、铅、锡、不锈钢等对碳钢为阴极性覆盖层。

由于金属的电极电位随介质条件的变化而变化，因此，金属覆盖层是阳极性覆盖层还是阴极性覆盖层也不是绝对的。例如，通常锡的电极电位比铁正，对铁而言是阴极性覆盖层，但在有机酸中，锡的电极电位比铁负，对铁来说却成了阳极性覆盖层。所以，金属覆盖层的性质取决于环境和具体情况，在选择这类覆盖层时，应充分考虑这一问题。

（1）金属镀层

1）电镀。利用直流电或脉冲电流作用从电解质中析出金属，并在工件表面沉积而获得金属覆盖层的方法叫电镀。

用电镀的方法得到的镀层多数是纯金属，如金、铂、银、铜、锡、镍、镉、铬、锌等，但也有合金的镀层，如黄铜、锡青铜等。电镀的装置示意图如图 4—1 所示。

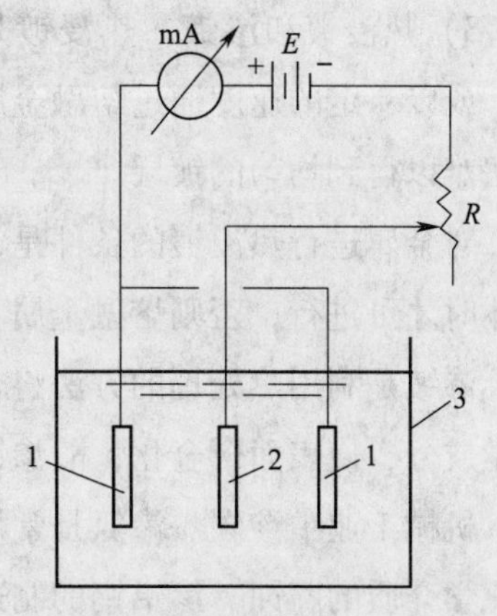

图 4—1　电镀装置示意图

1—阳极　2—阴极（工件）　3—电镀槽

电镀时将待镀件作为阴极与直流电源的负极相连，将镀层金属作为阳极与直流电源的正极相连，电镀槽中放入含有镀层金属离子的盐溶液及必要的添加剂。当接通电源时，阳极发生氧化反应，镀层金属溶解（如 $Cu \rightarrow Cu^{2+} + 2e$）。阴极发生还原反应，溶液中的镀层金属离子析出（如 $Cu^{2+} + 2e \rightarrow Cu$）。也就是作为阳极的镀层金属不断溶解，同时在作为阴极的工件表面不断析出，使工件获得镀层。此时电镀液中盐浓度基本不变。如果阳极是不溶性的，则须间歇地向电镀液中添加适量的盐，以维持电镀液的浓度。电镀层的厚度可由工艺参数和时间来控制，当镀层达到要求的厚度时，则可自电镀液中取出工件。

电镀层与工件的结合力较强，且具有一定的耐蚀和耐磨性能，但有一定程度的孔隙率。电镀主要用于细小、精密的仪器仪表零件的保护、抗磨蚀的轴类的修复等。另外，由于电镀层外表美观，故常用于装饰。

2）化学镀。利用化学反应使溶液中的金属离子析出，并在工件表面沉积而获得金属覆盖层的方法叫化学镀。

用化学镀的方法不需消耗电能。它的特点是不受工件形状的影响，只要镀液能达到的地方均可获得均匀致密的镀层。一般情况下化学镀层较薄，可采用循环镀的方法获得较厚的镀层。

化学镀层在施工良好的情况下可做到基本无孔，故耐蚀性良好，但由于这种镀层的质量不易保证；对镀前表面处理要求很高；对镀液成分、温度及其他操作指标的控制均要求较严，因而使它的应用受到一定的限制。

在化工防腐蚀中用得较多的是化学镀镍—磷合金，即将工件放在含镍盐、次磷酸钠及其他添加剂的弱酸性溶液中，利用次磷酸钠将 Ni^{2+} 离子还原为镍，并沉积在工件表面，从而获得镀镍层。化学镀镍的工件，常用做抗强碱性溶液、抗氯化物、抗氟化物的腐蚀；由于镀层硬度较高，可用于需要耐磨的场合，如高级塑料模具表面镀上镍磷合金，可使模具寿命成倍提高；化学镀层由于抗氧化能力强，且导电性好，在电子行业中可代替镀银。

3）热浸镀和渗镀。热浸镀是将工件浸入盛有比自身熔点更低的熔融金属槽中，或以一定的速度通过熔融金属槽，使工件涂敷上低熔点金属覆盖层。但用这种方法难以得到均匀的镀层。

对金属进行热浸镀的条件是，只有当基体金属与镀层金属可以形成化合物或固溶体时才可进行，否则熔融金属不能黏附在工件表面。

渗镀是利用热处理的方法将合金元素的原子扩散入金属表面，以改变其表面的化学成分，使表面合金化，故渗镀又叫表面合金化。在防腐蚀中用得较普遍的是渗铝，机械工业中渗碳、渗氮是常用的方法。渗铝钢耐热，抗高温氧化，也可防止多种化学介质的腐蚀。渗铝钢的制造方法有多种，其中之一就是在钢表面喷铝后再按一定的操作工艺在高温下热处理，使铝向钢表层内扩散，形成渗铝层。此外，还有渗铬、渗硅等，可用于小型零件的防腐，但尚不普遍。

(2) 金属喷涂

利用压缩空气将熔融状态的金属雾化成微粒，喷射在工件表面而获得金属覆盖层的方法称为金属喷涂。

金属喷涂的工艺和设备都比较简单，能喷涂多种金属和合金，应用广泛，可根据需要选择镀层材料。用金属喷涂方法获得的金属涂层是金属微粒相互重叠成多层的覆盖层，因此这种覆盖层是多孔的，所以作为防腐蚀用的保护层时必须考虑喷涂层的电化学性质，若是阴极性覆盖层，则喷涂后还须做封闭空隙处理。

金属喷涂可分为气喷涂、电弧喷涂和等离子喷涂。气喷涂是利用可燃性气体（常用乙炔—氧焰）燃烧熔化金属，再用压缩空气将熔融金属喷于工件表面。这种方法成本低、操作方便，可喷涂熔点较低的金属。电弧喷涂是利用电源在两根金属丝之间产生电弧熔化金属丝，再用压缩空气将熔融金属喷于工件表面。这种方法成本低、效率高，可喷涂熔点较高的金属和合金。等离子喷涂是利用高温等离子体焰流熔化难熔金属和某些金属氧化物，在一定压力的气体（通常为惰性气体）吹送下，以极高的速度喷到工件表面。用这种方法所形成的涂层多用作耐高温或高耐磨的涂层。

金属喷涂对表面清理要求较高，一般多用喷砂除锈。金属喷涂主要用于防止大型设备的腐蚀，也可用来修复表面磨损的零件。在防腐应用中，金属喷涂以喷涂锌、铝及锌铝合金较多，主要用于中性介质、海洋性环境等大型设备的长效防腐。喷涂后的封闭处理一般多采用涂料封闭，因为喷涂层多孔，涂料易于渗透到空隙中，一方面涂料起到封闭空隙的作用提高了喷涂层的耐腐蚀性能；另一方面，涂料嵌入喷涂层表面的微孔中，使涂料的附着力有了很大的提高，这种金属喷涂层加涂料的防腐措施在很多需要长效防腐蚀的大型构件及设备中得到广泛应用，如三峡等大型水利工程的永久性船闸、海上石油钻井平台、风力发电机等。

二、非金属覆盖层

在金属设备上覆盖一层有机或无机的非金属材料进行保护是化工防腐蚀的重要手段之一。根据腐蚀环境的不同，可以覆盖不同种类、不同厚度的耐蚀非金属材料，以得到良好的防护效果。

1. 涂层

涂料覆盖层是利用各种方法（如刷涂、喷涂等）将涂料涂覆于被保护的金属或混凝土表面，经固化后形成一层固体涂膜而得到的非金属覆盖层。

采用涂料覆盖层具有许多优点，如施工简便、适应性广，在一般情况下涂层的修理和重涂都比较容易，成本和施工费用也较低，因此在防腐工程中应用广泛，是一种不可缺少的防腐措施。涂层防腐不单用于设备的外表面，而且在设备内也得到了成功的使用，如尿素造粒塔的内壁涂层防腐，油罐、氨水储罐内的涂层防腐等都收到了很好的使用效果。但涂层一般都比较薄，较难形成无孔的涂膜，且力学性能一般较差，因而在强腐蚀介质、冲刷、冲击、高温等场合，涂层易受破坏而脱落，故在苛刻的条件下应用受到一定限制。目前主要用于设备、管道、建筑物的外壁和一些静止设备的内壁等方面的防护。

一般认为涂层是由于下面三个方面的作用对金属起保护作用的。

（1）隔离作用

金属表面涂覆涂料后，相对来说就把金属表面和环境隔开了，但薄薄的一层涂料是难以起到绝对的隔离作用的，因为涂料一般都有一定的孔隙，介质可自由穿过而到达金属表面对金属构成腐蚀破坏。为提高涂料的抗渗性，应选用孔隙少的成膜物质和适当的固体填料，同时增加涂层的层数，以提高其抗渗能力。

（2）缓蚀作用

借助涂料的内部组分（如红丹等防锈颜料）与金属反应，使金属表面钝化或生成保护性的物质，以提高涂层的防护作用。

（3）电化学作用

介质渗透涂层接触到金属表面就会对金属产生电化学腐蚀，如在涂料中加入比基体金属电位更负的活性金属（如锌等），就会起到牺牲阳极的阴极保护作用，而且锌的腐蚀产物较稳定，会填满膜的空隙，使膜紧密，腐蚀速度因而大大降低。

2. 涂料覆盖层的选择

涂料覆盖层的合理选择是保证涂层具有长效防护效果的重要方面，其基本原则是：

（1）涂层对环境的适应性

在生产过程中，腐蚀介质种类繁多，不同场合引起腐蚀的原因也不尽相同，因此在选择涂层时应充分考虑到被保护物的使用条件应与涂层的适用范围相一致。

（2）被保护的基体材料与涂层的适应性

如钢铁与混凝土表面直接涂刷酸性固化剂的涂料时，钢铁、混凝土就会遭受固化剂的腐蚀。在这种情况下，应涂一层相适应的底层。又如有些底漆适用于钢铁，有些底漆适用于有色金属，使用时必须注意它们的适用范围等。

（3）施工条件的可能性

有些涂料需要一定的施工条件，如热固化环氧树脂涂料就必须加热固化，如条件不具备，就要采取措施或改用其他品种。

（4）涂层的配套

底漆与面漆必须配套使用方能起到应有的效果，否则会损害涂层的保护性能。具体的配套要求可查看产品说明书或有关资料。

（5）经济上的合理性

在满足防腐蚀要求和寿命的前提下，选择价廉的防腐涂料可提高经济效益。

3. 衬里层

（1）玻璃钢衬里

玻璃钢衬里是利用黏结剂将玻璃纤维布衬贴于金属或混凝土设备的表面从而达到对设备的防腐、抗渗作用。玻璃钢衬里层可以根据介质及工况条件选择合适的层数，衬层越厚，抗渗耐蚀的性能就越好。对主要用于抗气体腐蚀或用做静止的腐蚀性不大的液体储槽来说，一般衬贴 3 ~ 4 层玻璃布即可。如果环境条件苛刻，并考虑到手糊玻璃钢抗渗性差的弱点，一般都要求衬层厚度在 3 mm 以上。但盲目增加玻璃钢衬层的厚度是没有必要的，因为一般来说玻璃钢衬层在 3 ~ 4 mm 已具有足够的抗渗能力，而设备的受力要求完全是由外壳来承受的。

玻璃钢衬里在腐蚀性不强的介质中可以单独作为防腐蚀覆盖层使用，在腐蚀强且渗透力强的介质中，也常作为砖板衬里的防渗层使用。在化工防腐蚀中玻璃钢衬里由于施工方便、成本较低、防腐抗渗性能优越得到广泛应用。

（2）橡胶衬里

橡胶衬里是把预先加工好的板材粘贴在金属表面上，其接口可以通过搭边黏合，因此橡胶的整体性较强，没有像涂料或玻璃钢衬里固化前由于溶剂挥发等所产生的针孔或气泡等缺陷。橡胶衬里层一般致密性高，抗渗性强，即使衬层局部地区与基体表面离层，腐蚀介质也不容易透过。

橡胶衬里具有一定的弹性，而且韧性一般都比较好，它能抵抗机械冲击和热冲击，可应用于受冲击或磨蚀的环境中。橡胶衬里可单独作为设备内防腐层，也常作为砖板衬里的防渗层。天然橡胶和合成橡胶均可作为橡胶衬里材料。

（3）砖板衬里

砖板衬里是用黏结剂（俗称胶泥）将耐腐蚀砖板衬砌在金属或混凝土设备的表面从而达到对设备的防腐蚀作用。它是化工设备防腐蚀应用较早的技术之一。其适用范围决定于胶泥和砖板的物理、力学性能和耐腐蚀性能。因而在进行化工设备砖板衬里时，应根据设备的工艺操作条件进行胶泥和耐酸砖板的选择，并进行合理的衬里结构设计和施工，以期达到优良的防腐蚀效果。

砖板衬里具有较好的耐蚀性、耐热性和机械强度，一些难以用其他方法解决的腐蚀问题，采用砖板衬里往往能得到较好的解决。

砖板衬里设备的主要缺点是抗冲击性、热稳定性较差，施工周期较长，因而给生产带来一些不便。

4. 非金属喷涂层

非金属喷涂是指运用各种喷涂技术，将各种非金属材料喷涂在金属表面，获得具有耐腐蚀、耐磨、耐热等性能的涂层。

（1）非金属喷涂按所喷涂材料分类

1）陶瓷。陶瓷是金属氧化物、碳化物、硼化物、硅化物等的总称。常用于喷涂的陶瓷材料有氧化物和碳化物。陶瓷的特点是硬度高、熔点高、脆性大。

①氧化物陶瓷。它是使用最广的高温材料。氧化物陶瓷粉末涂层与其他耐热材料涂层相比，具有绝缘性能好、导热率低、高温强度高的特性，特别适宜作热屏蔽和电绝缘涂层。

②碳化物陶瓷。包括碳化钨、碳化铬、碳化硅等，它们很少单独使用，往往采用钴包碳化钨或镍包碳化钨，碳化铬、碳化硅也可用作耐磨或耐热涂层。

2）塑料。塑料分热塑性塑料和热固性塑料。热塑性塑料有聚乙烯、聚酰胺、聚四氟乙烯等，热固性塑料有环氧、聚酯等。

（2）非金属喷涂的特点

1）使用范围广。涂层材料可以是各种陶瓷、塑料。被喷涂的基体可以是金属也可以是非金属。

2）工艺灵活。施工对象小到10 mm的内孔，大到铁塔、桥梁等大型结构。喷涂既可在整体表面上进行，也可在指定区域内喷涂。

3）喷涂层的厚度可调范围大。涂层厚度可从几十微米到几毫米，表面光滑，加工量少。用特细粉末喷涂时，表面不加工研磨即可使用。

4）工件受热程度可以控制。热喷涂工艺，如氧—乙炔喷涂、等离子弧喷涂、爆炸喷涂，工件受热温度均不超过250℃，不会改变工件的金相组织。

5）生产率高。大多数工艺方法的生产率可到达每小时数千克，最高可达到50千克/小时以上。

第3节　电化学保护

根据金属电化学腐蚀理论，如果把处于电解质溶液中的某些金属的电位降低，可以使金属难以失去电子，从而大大降低金属的腐蚀速度，甚至可使腐蚀完全停止。也可以把金属的电位提高，使金属钝化，人为地使金属表面形成致密的氧化膜，降低金属的腐蚀速度。这种通过改变金属、电解质溶液的电极电位从而控制金属腐蚀的方法称为电化学保护。电化学保护分为阴极保护和阳极保护两种。

一、阴极保护

阴极保护是将被保护的金属与外加直流电源的负极相连，在金属表面通入足够的阴极电流，使金属电位变负，从而使金属溶解速度减小的一种保护方法。

阴极保护的应用已有 100 多年历史，但大规模使用于输油管的阴极保护始于 20 世纪 30 年代。在国际上它早已是一种比较成熟的商品技术，提供典型的设计并成套随设备安装。我国邮电系统电缆装置已使用阴极保护装置。使用比较广泛的是埋置于土壤中的地下管线、储槽，以及受海水、淡水腐蚀的设备，如桥桩、闸门、平台，我国一些油气的输油管线也使用了阴极保护。在西气东输为全长四千多公里的输送天然气管道上也采用了阴极保护和涂层保护的联合保护措施。

1. 阴极保护的类型

阴极保护分为牺牲阳极保护和强制电流阴极保护两种。前者是依靠电位较负的金属（例如锌）的溶解来提供保护所需的电流，在保护过程中，这种电位较负的金属为阳极，逐渐溶解牺牲掉，所以称为牺牲阳极保护，而后者则依靠外部的电源来提供保护所需的电流，这时被保护的金属为阴极；为了使电流能够通过，还需要用辅助阳极。

2. 阴极保护的适用条件

不是任何金属结构或设备都可以使用阴极保护的，必须符合一定的条件与范围。

（1）材料

被保护的金属材料在所处的介质中容易发生阴极极化，常用的金属材料如碳钢、铅、铜及其合金等都可采用阴极保护。

（2）介质条件

被保护的金属必须处在电解质溶液中才能受到阴极保护，一般适用介质有土壤、中性盐溶液、河水、海水、碱、弱酸溶液（如磷酸、有机酸等）。对腐蚀性强的电解质因所需保护电流很大、消耗电能大，不宜采用阴极保护；在大气、气体介质及其他不导电的介质中不能应用阴极保护。

（3）结构

被保护设备的结构形状一般不宜太复杂，结构复杂的设备在靠近辅助阳极部位电流密度大，远离辅助阳极部位电流密度小，得不到足够的保护电流，甚至不起保护作用，产生所谓“遮蔽现象”。

3．阴极保护的应用

阴极保护主要用在水和土壤中的金属结构上，但一般必须用于设备结构简单、介质腐蚀性不太强的环境中。阴极保护除可防止一般的均匀腐蚀外，还可以防止一些材料的局部腐蚀，如点蚀、晶间腐蚀等。

4．联合保护

（1）阴极保护与涂层的联合保护

这是一种行之有效的防护措施。对于大面积的结构，如用涂料与阴极保护相结合，由于绝大部分阴极面积为涂料所覆盖，电流的消耗大为降低。联合保护克服了单独采用涂料容易出现针孔和局部损坏等许多缺点。联合保护所用涂料要有良好的耐电流作用的性能，有较高的耐保护电压性能以及良好的耐蚀性。如环氧基涂料就适宜用作在一定环境中的联合保护涂料。

（2）阴极保护与缓蚀剂的联合保护

阴极保护与缓蚀剂的联合防护可起到很好的效果。有些系统单独采用缓蚀剂或是效果不大，或是耗药量较大，不经济，在这种情况下可采用联合保护。另外，有些表面复杂的结构单独用阴极保护，由于遮蔽作用，保护效果不好；如果单独用缓蚀剂，效果又不显著，此时采用阴极保护与缓蚀剂的联合保护就可得到比较理想的效果。

二、阳极保护

阳极保护是将被保护的金属构件与外加直流电源的正极相连，在电解质溶液中使金属构件阳极极化至一定电位，使其建立并维持稳定的钝化状态，腐蚀速度显著降低，使设备得到保护。

阳极保护应用较阴极保护要晚得多。我国于 1961 年开始研究，1967 年起应用于碳铵生产的碳化塔设备上，获得了显著的效果。

1．阳极保护的适用条件

（1）阳极保护只能应用于具有钝化性的金属，如钛、不锈钢、碳钢和镍基合金等，而且由于电解质成分影响钝态，它只能用于一定环境。如使用得当，不仅可以控制这些金属的全面腐蚀，而且能防止点蚀、应力腐蚀破裂、晶间腐蚀等局部腐蚀。对不能钝化的金属如增高电位，则会使腐蚀速度显著增加。

（2）阳极保护不能保护气相部分，只能保护液相中的金属设备，并要求介质必须与被保护的构件连续接触，液面尽量稳定。

（3）介质中的卤素离子（主要是氯离子）浓度超过一定的临界值时不能使用，否则这些活性离子会影响金属钝化的建立。

2. 应用

在化工过程中，阳极保护应用于硫酸生产中的结构物，如碳钢储槽、各种换热器、三氧化硫发生器等。氨水及铵盐溶液中结构物的阳极保护有碳化塔、氨水储槽等，效果都较显著。

3. 联合保护

（1）阳极保护与涂层联合保护

单纯的阳极保护主要缺点是临界钝化电流大，需要大容量的直流电源设备才能建立钝化，这样就增加了投资费用。另外，单一的阳极保护，当生产中液面波动或断电时，容易引起活化，活化后重新建立钝化比较困难。采用阳极保护与涂料联合防腐后，钝化时只需将涂料覆盖不严的地方如针孔、破损进行致钝，由于阳极面积大大减小，活化后重新钝化也容易得多。

（2）阳极保护与缓蚀剂联合保护

阳极保护与缓蚀剂联合保护也能降低临界电流密度，如硝酸铵、尿素混合液中加重铬酸钠，尿素、氨水混合液中加硫氰化钠等无机缓蚀剂。

第 4 节　缓　蚀　剂

在腐蚀环境中，通过添加少量能阻止或减缓金属腐蚀的物质使金属得到保护的方法，称为缓蚀剂保护。而这种能阻止或减缓金属腐蚀的物质就是缓蚀剂，又叫腐蚀抑制剂。

应用缓蚀剂保护具有投资少、收效快、使用方便等特点，因而广泛地应用于石油、化工、钢铁、机械、动力、运输等部门，成为重要的防腐方法之一。

但缓蚀剂的应用也有一定的局限性，缓蚀剂有极强的针对性，如对某种介质和金属具有较好效果的缓蚀剂，对另一种介质或金属就不一定有效，甚至有害。因此，使用时应根据具体情况严格选择。同时，缓蚀剂只能用在封闭和循环的体系中，且不适宜在高温下使用。另外，污染及废液回收处理问题也应慎重考虑。

一、缓蚀剂的分类

由于缓蚀剂的应用广泛，种类繁多，加之缓蚀机理复杂，所以直到现在还没有一个完善的分类方法，表 4—1 列出了几种常见缓蚀剂的分类方法及分类依据。

表 4—1　　　　各种类型缓蚀剂及其分类依据

分类依据		名称		说明
按作用机理分类	对阴、阳极腐蚀过程的抑制作用	阳极型缓蚀剂		抑制金属腐蚀的阳极去极化过程
		阴极型缓蚀剂		抑制金属腐蚀的阴极去极化过程
		混合型缓蚀剂		同时抑制金属腐蚀的阴、阳极去极化过程
	按抑制作用的性质	吸附型缓蚀剂 成膜型缓蚀剂：钝化型缓蚀剂（氧化型缓蚀剂） 沉淀型缓蚀剂		通过化学或物理吸附，抑制腐蚀过程氧化剂，促进金属表面形成钝化膜与金属腐蚀产物或介质中物质形成沉淀保护膜
按缓蚀剂成分分类		无机物缓蚀剂		一般用于中性水介质
		有机物缓蚀剂		一般用于酸性水介质、油介质、大气
按介质性质分类		水溶性缓蚀剂	中性	pH 在 5 ~ 9 之间
			酸性	pH 在 1 ~ 4 之间
			碱性	pH 在 10 ~ 12 之间
		油溶性缓蚀剂		用于油漆、防锈油、石油中间物中
		气相缓蚀剂		用于天然气、锅炉蒸汽、大气腐蚀的抑制
按使用场合分类		酸洗、酸浸用缓蚀剂；切削油用缓蚀剂 锅炉水、冷却水用缓蚀剂；汽车冷却系统用缓蚀剂；除冰雪盐水用缓蚀剂 包装、防锈用缓蚀剂（包括防锈纸）；防锈油缓蚀剂 油气井用缓蚀剂；油气井酸化缓蚀剂 炼油厂用缓蚀剂等		

二、缓蚀剂的应用

缓蚀剂的应用十分广泛，在中性、酸性或碱性溶液等环境中均能使用。现将某些缓蚀剂在若干环境中的应用范围列于表 4—2 中。

表 4—2　　某些缓蚀剂的应用范围

<table>
<tr><th>适用范围</th><th>缓蚀剂名称</th><th>适用范围</th><th>缓蚀剂名称</th></tr>
<tr><td rowspan="2">酸性介质溶液中</td><td rowspan="2">醛、胺、季铵盐、硫脲、杂环化合物（吡啶、喹啉、咪唑啉、亚砜）、松香胺、乌洛托品、酰胺、若丁等</td><td>气相腐蚀介质</td><td>亚硝酸二环己胺、碳酸环己胺、亚硝酸二异丙胺等</td></tr>
<tr><td>混凝土中</td><td>铬酸盐、硅酸盐、多磷酸盐</td></tr>
<tr><td rowspan="2">碱性介质溶液中</td><td rowspan="2">硅酸钠、8－羟基喹啉、间苯二酚、铬酸盐</td><td>微生物环境</td><td>烷基胺、氯化酚盐、苄基季铵盐、2－硫醇苯并噻唑</td></tr>
<tr><td>防冻剂</td><td>铬胺盐、磷酸盐</td></tr>
<tr><td>中性水溶液</td><td>多磷酸盐、铬酸盐、硅酸盐、碳酸盐、亚硝酸盐、苯并三唑、2－硫醇苯并噻唑、亚硫酸钠、氨水、肼、环己胺、烷基胺、苯甲酸钠</td><td>采油、炼油及化学工厂</td><td>烷基胺、二胺、脂肪酸盐、松香胺、季铵盐、酰胺、氨水、氢氧化钠、咪唑啉、吗啉、酰胺的聚氧乙烯化合物、磺酸盐、多磷酸锌盐</td></tr>
<tr><td>盐水溶液中</td><td>磷酸盐＋铬酸盐、多磷酸盐、铬酸盐＋重碳酸盐、重铬酸盐</td><td>油、气输送管线及油船</td><td>烷基胺、二胺、酰胺、亚硝酸盐、铬酸盐、有机重磷酸盐、氨水、碱</td></tr>
</table>

思　考　题

1. 选用材料应遵循的基本原则有哪些？
2. 表面覆盖层主要有哪两大类？
3. 在防腐工程中常用的非金属覆盖层有哪些？
4. 阴极保护可分为哪几种方法？
5. 什么叫缓蚀剂？

第5章 工程常识

第1节 常用工程材料

一、工程材料的分类、性能及应用

常用工程材料可以分为金属材料和非金属材料。

1. 金属材料

金属材料是最重要的工程材料，包括金属和以金属为主的合金材料。工业上把全部金属和其合金分成两大部分：黑色金属和有色金属。

(1) 黑色金属

黑色金属是铁和以铁为基的合金（钢、铸铁和铁基合金）。

1）铁碳合金。铁碳合金即碳钢和普通铸铁，是工业上应用最广泛的金属材料，由于它产量较大，价格低廉，有较好的力学性能及工艺性能，在耐蚀性方面，虽然它的电极电位较负，在自然条件下（大气、水及土壤中）耐蚀性较差，但是可采用多种方法对它进行保护，如采用覆盖层及电化学保护等，平常我们所说防腐蚀的主要对象也多数是指铁碳合金，因此，铁碳合金现在仍然作为主要的结构材料。在使用普通碳钢和铸铁时，除了要考虑耐蚀性外，还应注意其他性能，例如，普通铸铁属于脆性材料，强度低，不能用来制造承压设备，也不能用来处理和储存有剧毒或易燃、易爆的液体和气体介质的设备。

2）不锈钢。不锈钢是指铁基合金中铬含量（质量百分数）大于或等于13%的一类钢的总称。习惯上把耐大气及较弱腐蚀性介质的钢称为不锈钢，而把耐强腐蚀性酸类的钢称为不锈耐酸钢，通称为不锈钢。

不锈钢除了广泛用作耐蚀材料外，同时是一类重要的耐热材料，因为其具备较好的耐热性，包括抗氧化性及高温强度。奥氏体不锈钢在液态气体的低温下仍有很高的冲击韧性，因而又是很好的低温结构材料；因不具铁磁性，也是无磁材料。高碳的马氏体不锈钢还具有很好的耐磨性，因而又是一类耐磨材料。由此可见，不锈钢具有广泛而优越的性能。但是必须指出，不锈钢的耐蚀性是相对的，在某些介质条件下，某些钢是耐蚀的，而在另一些介质中则可能被腐蚀，因此没有绝对耐蚀的不锈钢。

不锈钢按其化学成分可分为铬不锈钢及铬镍不锈钢两大类。铬不锈钢的基本类型是Crl3型和Crl7型钢；铬镍不锈钢的基本类型是18－8型和17－12型钢（前边数字为含铬质量百分数，后边数字为含Ni质量百分数）。在这两大基本类型的基础上发展了许多耐蚀、耐热以及提高力学性能和加工性能等各具特点的钢种。

不锈钢在防腐蚀施工中主要是作为喷涂材料和金属衬里。作为喷涂材料的不锈钢主要有1Cr18Ni9和0Cr17Ni12Mo2。

（2）有色金属

有色金属是黑色金属以外的所有金属及其合金。按照性能特点，有色金属又可分为轻金属、易熔金属、难熔金属、贵金属、铀金属、稀土金属和碱土金属。

在防腐蚀工程中常用的有色金属主要是锌、铝、镁等及其合金。

1）锌。锌是一种银白色的金属，具有金属光泽，密度7.14 g/cm^3，锌的熔点很低（419.5℃），纯锌较软，一般不能在应力状态下使用，在防腐中通常作为钢铁的涂层使用。

锌在大气及中性水溶液中，其表面会逐渐被氧化，生成一层致密的保护膜，具有优良的耐腐蚀性能，由于这层保护膜既能溶于酸又能溶于碱，因此锌对酸和碱均不耐腐蚀。锌在土壤中与在大气中类似，也具有优良的耐蚀性。

锌作为钢铁的防护性涂层时，相对钢铁而言，锌为阳极，所以锌涂层除本身具有优良的耐腐蚀性以外，还可以起到牺牲阳极的作用，对钢铁起到电化学保护作用，尤其在海洋性环境中，锌的保护效果更加显著。

锌在钢铁表面的涂层通常可以采用热镀、电镀、渗镀及热喷涂的方法获得。锌在电化学保护中，是重要的牺牲阳极材料，广泛应用于阴极保护。

2）铝。铝是轻金属，密度2.7 g/cm^3，约为铁的三分之一，铝的熔点较低（657℃），有良好的导热性与导电性，塑性高，但强度低。由于铝在空气及含氧的介质中能自钝化，在表面生成一层很致密又很牢固的氧化膜，同时破裂时能自行修复。因此，铝在许多介质中都很稳定，一般来说，铝越纯越耐蚀。

铝在大气及中性溶液中是很耐蚀的，这是由于在pH值为4~11的介质中，铝表面的钝化膜具有保护作用，即使在含有SO_2及CO_2的大气中，铝的腐蚀速度也不大。铝在pH值>11时出现碱性侵蚀，在pH值<4的淡水中出现酸性侵蚀，活性离子如Cl^-离子的存在将使局部腐蚀加剧。

铝在强酸强碱中的耐蚀性取决于氧化膜在介质中的溶解度。铝在稀硫酸和发烟硫酸中稳定，在中等和高浓度的硫酸中不稳定，因为此时氧化膜被破坏。铝在硝酸浓度为25%以下时，腐蚀随浓度增加而增大，继续增加酸的浓度则腐蚀速度下降，浓硝酸实际上对铝不起作用，因此，可用铝制槽车运浓硝酸。铝的膜层在苛性碱中无保护作用，因此在很稀的NaOH或KOH溶液中就可溶解，但能耐氨水的腐蚀。

在非氧化性酸中铝不耐蚀，如盐酸、氢氟酸等，对室温下的醋酸有耐蚀性，但在甲酸、草酸等有机酸中不耐蚀。

在化学工业中常采用高纯铝制造储槽、槽车、阀门、泵及漂白塔；可用工业纯铝制造操作温度低于150℃的浓硝酸、醋酸、碳铵生产中的塔器、冷却水箱、热交换器、储存设备等。

由于铝离子无毒、无色，因而常应用于食品工业及医药工业；铝的导热系数是碳钢的三倍，导热性好，特别适于制造换热设备；铝的低温冲击韧性好，适于制造深冷装置。

铝在防腐蚀施工中，常可以作为钢铁表面的涂层对钢铁提供保护。

3）锌铝合金。锌铝合金在化工防腐中一般多作为制备钢铁的涂层，锌具有优良的耐中性介质的腐蚀，同时具有良好的牺牲阳极作用，但锌本身的钝化性能不如铝，经研究表明，在锌中加入一定量的铝制得的锌铝合金，既可以充分发挥锌的耐腐蚀性和电化学保护性能，又可以发挥铝优良的钝化性能，使其在中性介质中的耐腐蚀性优于锌和铝，尤其是在海洋性环境中，锌铝合金的耐腐蚀性远好于单纯的锌或铝。

锌铝合金按铝的含量有ZnAl5、ZnAl15等，因耐腐蚀性能优异而在化工防腐中及海洋性大气等自然环境中得到广泛应用的是ZnAl15。

锌铝合金在钢铁表面的涂层通常采用热喷涂的方法获得。

4）镁。镁为银白色金属（在空气中容易氧化面发暗），密度小，只有1.74 g/cm^3，是工业用金属中最轻的，熔点为651℃，但在熔化时极易氧化燃烧。

镁在防腐蚀施工中主要是以镁基合金作为牺牲阳极使用，常用的有Mg－Ai－Zn、Mg－Mn等，镁合金作为牺牲阳极主要用于淡水及土壤介质中。

2. 非金属材料

大多数非金属材料有着良好的耐蚀性和某些特殊性能，并且原料来源丰富，价格比较低廉，所以近年在化工生产中用得越来越多。采用非金属材料可以节省大量昂贵的不锈钢和有色金属，实际上在某些工况下，只有采用了大量非金属材料才使大规模的工业化得以实现。但是，大多数非金属材料较普遍地应用到工业上的历史还不很长，对非金属材料综合性能的提高，施工技术的改进，则还处于初期发展阶段，需要更多的人去研究、探索。在防腐蚀工程中应用较广的非金属材料主要有以下一些：

（1）防腐蚀涂料

涂料是目前防腐工程中应用最广的非金属材料品种之一。过去涂料主要是以植物油或采集漆树上的漆液为原料经加工制成的，因而称为油漆。石油化工和有机合成工业的发展，为涂料工业提供了新的原料来源，如合成树脂、橡胶等。这样，油漆的名字就不够确切了，所以比较恰当地应称为涂料。

涂料一般可分为油基涂料（成膜物质为干性油类）和树脂基涂料（成膜物质为合成树脂）两类。按施工工艺又可分为底涂、中涂和面涂，底涂是用来防止已清理的金属表面产生锈蚀，并用它增强涂膜与金属表面的附着力。中涂是为了保证涂膜的厚度而设定的涂层，面涂为直接与腐蚀介质接触的涂层。因此，面涂的性能直接关系到涂层的耐蚀性能。

涂料的组成大体上可分成三部分，即主要成膜物质、次要成膜物质和辅助成膜物质。作为主要成膜物质的是油料、树脂和橡胶，在涂料中常用的油料是桐油、亚麻仁油等。树脂有天然树脂和合成树脂。天然树脂主要有沥青、生漆、天然橡胶等；合成树脂的种类很多，常用的有酚醛、环氧、呋喃、乙烯基、氟碳等树脂；合成橡胶有氯磺化聚乙烯橡胶、氟橡胶及聚氨酯橡胶等。

次要成膜物质是颜料。颜料除使涂料呈现装饰性外，更重要的是改善涂料的物理、化学性能，提高涂层的机械强度和附着力、抗渗性和防腐蚀性能。颜料分为着色颜料、防锈颜料和体质颜料三种。着色颜料主要起装饰作用；防锈颜料起防蚀作用；体质颜料主要是提高漆膜的机械强度和附着力。

辅助成膜物质只是对成膜的过程起辅助作用，它包括溶剂和助剂两种。

溶剂和稀释剂的主要作用是溶解和稀释涂料中的固体部分，使之成为均匀分散的漆液。涂料敷于基体表面后即自行挥发，常用的溶剂及稀释剂多为有机化合物，如松节油、汽油、苯类、醇类及酮类等。

助剂是在涂料中起某些辅助作用的物质，常用的有催干剂、增塑剂、固化剂、防老剂、流平剂、防沉剂、触变剂等。

在防腐蚀工程中常用的防腐涂料有富锌涂料、环氧树脂涂料、氯磺化聚乙烯（橡胶）涂料、聚氨酯涂料、氟碳涂料等。以玻璃鳞片为填料的重防腐涂料也广泛应用于一些腐蚀环境比较苛刻的环境中。

（2）塑料

塑料是以合成树脂为主要原料，再加入各种助剂和填料组成的一种可塑制成型的材料。塑料的主要成分是合成树脂，它是决定塑料物理——力学性能和耐蚀性能的主要因素。树脂的品种不同，塑料的性质也就不同。

为改善塑料的性能，除树脂外，塑料中还常加有一定比例的添加剂，以满足各种不同的要求。塑料的添加剂主要有填料、增塑剂、稳定剂、润滑剂、着色剂等，除上述几种添加剂外，为满足不同要求还可以加入其他种类的添加剂。如为使树脂固化，需用固化剂；为增加塑料的耐燃性，或使之自熄，需加入阻燃剂；为制备泡沫塑料，需用发泡剂；为消除塑料在加工、使用中因摩擦产生的静电，需加入抗静电剂；为降低树脂黏度、便于施工，可加入稀释剂等。

塑料的种类很多，分类的方法也不尽相同，最常用的分类方法是按它们受热后的性能变化，将塑料分为两大类：

1）热固性塑料。以缩聚类树脂为基本成分，加入填料、固化剂等其他添加剂制成。这类塑料在一定温度条件下，固化成型后变为不熔不溶状态，受热不会软化，强热后分解被破坏，不可反复塑制。以环氧树脂、酚醛树脂及呋喃树脂制得的塑料等属于这类塑料。

2）热塑性塑料。以聚合类树脂为基本成分，加入少量的稳定剂、润滑剂或增塑剂，加入（或不加）填料制取而成。这类塑料受热软化，具有可塑性，且可反复塑制。聚氯乙烯、聚乙烯、聚丙烯、氟塑料等属于这类塑料。

在防腐蚀工程中常用的塑料品种有聚氯乙烯塑料（PVC）、聚乙烯塑料（PE）、聚丙烯塑料（PP）、氟塑料等，主要作为设备的衬里，有的也可以单独作为结构材料使用。

（3）纤维增强树脂

纤维增强树脂是以合成树脂为黏结剂，玻璃纤维及其制品（如玻璃布、玻璃带、玻璃毡等）为增强材料，按一定的成型方法制成。由于它的强度超过一般钢材，因此称为玻璃钢。

纤维增强树脂的质量轻、强度高，其电性能、热性能、耐腐蚀性能及施工工艺性能都很好。因此，在许多工业部门都获得了广泛的应用。

纤维增强树脂的种类很多，通常可按所用合成树脂的种类来分类：即由环氧树脂与玻璃纤维及其制品制成的玻璃钢称为环氧玻璃钢；由酚醛树脂与玻璃纤维及其制品制成的玻璃钢称为酚醛玻璃钢等。目前，在防腐工程中常用的有环氧、酚醛、呋喃、聚酯等玻璃钢。为了改性，也可采用添加第二种树脂的办法，制成改性的玻璃钢。这种玻璃钢一般兼有两种树脂玻璃钢的性能。常用的有环氧—酚醛玻璃钢、环氧—呋喃玻璃钢等。

纤维增强树脂由合成树脂、玻璃纤维及其制品以及固化剂、填料、增塑剂、稀释剂等添加剂组成。其中合成树脂和玻璃纤维及其制品对玻璃钢的性能起决定性作用。

纤维增强树脂的应用主要有设备衬里，砖、板衬里的中间防渗层，整体结构，外部增强等。用玻璃钢制成的设备与不锈钢相比，价格要便宜得多，运输、安装费用也要少得多，是应用很广泛的防腐工程材料。

(4) 橡胶

橡胶分为天然橡胶和合成橡胶两大类：天然橡胶是用橡胶树的树汁经炼制制得的，它是不饱和异戊二烯的高分子聚合物，这是一种线性聚合物，只有经过交联反应使之成为网状大分子结构才具有良好的物理—力学性能及耐蚀性。天然橡胶的交联剂多用硫黄，其交联过程称之为硫化。硫化的结果使橡胶在弹性、强度、耐溶剂性及耐氧化性能方面得到改善。合成橡胶为各种单体聚合而成，常用的有氯丁橡胶、丁苯橡胶、丁腈橡胶、丁基橡胶、氯磺化聚乙烯橡胶、氟橡胶、聚异丁烯橡胶等。

橡胶的用途很广，主要用来制作各种橡胶制品，因其具有良好的耐腐蚀及防渗性能，所以被广泛地用于金属设备的防腐衬里或复合衬里中的防渗层，也可制成涂料用于外防腐。合成橡胶用量大于天然橡胶。

(5) 硅酸盐材料

硅酸盐材料是化工过程中常用的一类耐蚀材料，包括耐酸陶瓷、玻璃、天然石材等。这类材料一般均具有极好的耐蚀性、耐热性、耐磨性、电绝缘性和耐溶剂性，但这类材料大多性脆、不耐冲击、热稳定性差。又因其主要成分为 SiO_2，故不耐氢氟酸及碱的腐蚀。

1) 化工陶瓷。化工陶瓷按组成及烧成温度的不同，可分为耐酸陶瓷、耐酸耐温陶瓷和工业瓷三种。耐酸耐温陶瓷的气孔率、吸水率都较大，故耐温度急变性较好，容许使用温度也较高，而其他两类的耐温度急变性和容许使用温度均较低。

化工陶瓷的耐腐蚀性能很好，除氢氟酸和含氟的其他介质以及热浓磷酸和碱液外，能耐几乎其他所有的化学介质，如热浓硝酸、硫酸，甚至“王水”。

化工陶瓷制品是化工生产中常用的耐蚀材料。许多设备都用它做耐酸衬里，也常用做耐酸地坪；陶瓷制的塔器、容器和管道常用于生产和储存、输送腐蚀性介质；陶瓷泵、阀等都是很好的耐蚀设备。化工陶瓷是一种应用非常广泛的耐蚀材料。但是，由于化工陶瓷是一种典型的脆性材料，其抗拉强度小，冲击韧性差，热稳定性低，所以在安装、维修、使用中都必须特别注意。应该防止撞击、振动、应力集中、骤冷骤热等，还应避免大的温差范围。

2）玻璃。玻璃是有名的耐蚀材料，其耐蚀性能随其组分的不同有较大差异，一般说来玻璃中 SiO_2 含量越高，其耐蚀性越好。

玻璃的耐蚀性能与化工陶瓷相似，除氢氟酸、热浓磷酸和浓碱以外，几乎能耐一切无机酸、有机酸和有机溶剂的腐蚀，但玻璃也是脆性材料，具有和陶瓷一样的缺点。

玻璃光滑，对流体的阻力小，适宜作为输送腐蚀性介质的管道和耐蚀设备，为克服玻璃易碎的缺点，可用玻璃钢增强或钢衬玻璃管道的方法。

3）辉绿岩铸石。辉绿岩铸石是将天然辉绿岩熔融后，再铸成一定形状的制品（包括板、管及其他制品）。它具有高度的化学稳定性和非常好的抗渗透性。

辉绿岩铸石的耐蚀性能极好，除氢氟酸和熔融碱外，对一切浓度的碱及大多数的酸都耐蚀，它对磷酸、醋酸及多种有机酸也耐蚀。辉绿岩铸石在多种无机酸中腐蚀时，只在最初接触的数十小时内有较显著的作用，以后即缓慢下来，再过一段时间，腐蚀完全停止。

防腐蚀工程中用得最普遍的是用辉绿岩板作设备的衬里。这种衬里设备的使用温度一般在150℃以下为宜。辉绿岩铸石的脆性大，热稳定性小，使用时应注意避免温度的骤变。辉绿岩粉常用作耐酸胶泥的填料。

辉绿岩铸石的硬度很大，故也是常用的耐磨材料（如球磨机用的球等），还可用作耐磨衬里或耐蚀耐磨的地坪。

4）天然耐酸材料。天然耐酸材料中常用作结构材料的为各种岩石。在岩石中用得较为普遍的则为花岗石。各种岩石的耐酸性决定于其中二氧化硅的含量、材料的密度以及其他组分的耐蚀性和材料的强度等。

花岗石是一种良好的耐酸材料。其耐酸度很高，可达97%～98%，高的可达99%。花岗石的密度很大，孔隙率很小。但是由于密度大，所以热稳定性低，一般不宜用于超过250℃的设备，在长期受强酸侵蚀的情况下，使用温度范围应更低，一般以不超过50℃为宜。花岗石的开采、加工都比较困难，且笨重。

在防腐蚀工程中，花岗石较为普遍地应用于花岗石砌筑的耐酸储槽、耐酸地坪和酸性下水道等。

5）水玻璃耐酸胶凝材料。水玻璃耐酸胶凝材料包括水玻璃耐酸胶泥、砂浆和混凝土，它们是以水玻璃为胶结剂，再加耐酸填料按一定比例调制而成，在空气中凝结硬化成石状材料。这种材料的机械强度高、耐热性能好，化学稳定性也很好，具有一般硅酸盐材料的耐蚀性，耐强氧化性酸的腐蚀，但不耐氢氟酸、高温磷酸及碱的腐蚀，对水及稀酸也不太耐蚀，且抗渗性差。

水玻璃按其成分不同可分为钠水玻璃和钾水玻璃。水玻璃胶泥常用作耐酸砖板衬里的黏结剂。水玻璃混凝土、砂浆主要用作耐酸地坪、酸洗槽、储槽、地沟及设备基础等。

（6）不透性石墨

石墨分为天然石墨和人造石墨两种，在防腐中应用的主要是人造石墨。人造石墨是由无烟煤、焦炭与沥青混捏压制成型，于电炉中焙烧，在 1 400℃左右所得到的制品叫炭精制品，再于 2 400 ~ 2 800℃高温下石墨化所得到的制品叫石墨制品。

石墨具有优异的导电、导热性能，线膨胀系数很小，能耐温度骤变。但其机械强度较低，性脆，孔隙率大。

石墨的耐蚀性能很好，除强氧化性酸（如硝酸、铬酸、发烟硫酸等）外，在所有的化学介质中都很稳定。虽然石墨有优良的耐蚀、导电、导热性能，但由于其孔隙率比较高，这不仅影响到它的机械强度和加工性能，而且气体和液体对它有很强的渗透性，因此不宜制造化工设备。为了弥补石墨的这一缺陷，可采用适当的方法来填充孔隙，使之具有“不透性”。这种经过填充孔隙处理的石墨即为不透性石墨。常用的不透性石墨主要有浸渍石墨、压型石墨：

1）浸渍石墨。它是人造石墨用树脂进行浸渍固化处理所得到的具有“不透性”的石墨材料。用于浸渍的树脂称浸渍剂。在浸渍石墨中，固化了的树脂填充了石墨中的孔隙，而石墨本身的结构没有变化。浸渍剂的性质直接影响到成品的耐蚀性、热稳定性、机械强度等指标。目前用得最多的浸渍剂是酚醛树脂，其次是呋喃树脂、水玻璃等。浸渍石墨具有导热性好、孔隙率小、不透性好、耐温度骤变性能好等特点。

2）压型石墨。它将树脂和人造石墨粉按一定配比混合后经挤压和压制而成。它既可以看做是石墨制品，又可看做是塑料制品，其耐蚀性能主要取决于树脂的耐蚀性，常用的树脂为酚醛树脂、呋喃树脂等。

与浸渍石墨相比，压型石墨具有制造方便、成本低、机械强度较高、孔隙率小、导热性差等特点。

不透性石墨在防腐中的主要用途是制造各类热交换器，也可制成反应设备、吸收设备、泵类和管道等。还可以用作设备的衬里材料。这类材料尤其适用于盐酸工业及磷酸工业中。

二、工程材料的储存及使用方法

1．工程材料的储存

（1）防腐蚀工程用的原材料，应由生产厂家提供材料储存、保管、运输的特殊技术要求，入库储存要分类清点、分类存放。

（2）危险品要选择具有安全措施并与施工现场有相当安全距离的专用仓库储存。

（3）每种危险品在库内储存要保持适当的安全距离，并应设置明显的安全标志。

（4）易燃、易爆、危险品存放区，应配备足够的灭火器，设置严禁动火标志，在其附近严禁动火。

（5）储存处应通风、阴凉、干燥、远离明火和热源，防止日光直射。

（6）各种物资分类单独存放，应将酸类、氧化剂等隔离存放。

（7）搬运过程应轻装轻卸，不得撞击、翻滚、倾倒，防止包装容器损坏。

（8）易燃、易爆材料存放间，应采用防爆型电子装置，照明灯具也应选用防爆型。

（9）设置防爆型排风机，定期排放有害气体。

2．工程材料的使用方法

工程材料的品种很多，一般都会在供应材料时附有材料使用说明，在施工方案没有明确规定使用方法时，应按照材料使用说明使用。

第 2 节　计量器具及计量单位

一、常用计量器具

1．长度量具

（1）钢尺

钢尺是薄钢皮制成的，可分为钢直尺、钢皮尺、钢卷尺、钢折尺等，一般最小刻度为毫米（mm），有各种规格。防腐蚀施工中常用钢卷尺，其规格有 1 m、2 m、3 m、5 m 等，可直接测量物体或材料的长度。

（2）卡钳

卡钳是一种间接量具，使用时必须与钢尺或其他刻线量具合用。卡钳分为外卡钳和内卡钳两种。外卡钳测量工件的外表面，内卡钳测量工件的内表面和内孔、内槽等。卡钳的测量精度为 0.02 ~ 0.05 mm。

1）卡钳的使用方法

①外卡钳的使用方法。测量工件外围时，两钳脚应垂直于工件轴线，卡入工件时钳脚不应歪斜，也不应与工件表面接触过紧，以免测量尺寸不正确。取值时，将卡钳的一端钳口抵在钢尺的起点端，另一卡钳口在钢尺上的位置读数，就是测量工件的尺寸值。

②内卡钳的使用方法。测量工件时，应使两卡钳口平行放在工件内表面，与工件内表面接触时不得过紧和不相接触，以免产生测量误差。取值方法可将一只内卡钳口靠在钢尺的起始端，看另一只内卡钳口在钢尺上的所在位置，读取的数值即为工件的实有尺寸值。

2）使用卡钳的注意事项

①调整卡钳尺寸时，应敲卡钳的两个侧面，不允许敲击卡钳口。

②测量工件时，不能将卡钳用力压下去，仅凭卡钳自身质量贴附到工件测量面上即可。

③测量工件时，卡钳要放正，不能歪斜，否则测量数据不准确。

④工件旋转时不能用卡钳测值，否则会使钳口磨损。

（3）游标卡尺

游标卡尺是用来测量工件长度、宽度、深度及内外直径的一种精密量具。使用游标卡尺的注意事项：

1）测量前用清洁软布擦净量爪的接触面，并使量爪密合，量爪密合后，尺身与游标的“零”线应对齐。

2）将测量工件表面擦净，并检查表面有无毛刺、擦伤等，以免损坏卡尺的量爪。

3）测量时，所用的测力应以使两量爪刚好接触被测工件表面为宜。禁止将量爪调到工件近似尺寸，将固定螺钉旋紧后强行卡到工件上，或测量后螺钉未松、量爪未拉开而将卡尺从工件上强行取下。

4）测量时，量爪要与被测工件垂直，不要歪斜，以免影响测量尺寸的准确性。

5）在游标上读数时，要避免视线误差。

6）游标卡尺不能作划线工具和夹持工件用，不准测粗糙的表面或磁性工件。使用时要轻拿轻放，不能与其他工具混放。

2. 容量量具

用于计量容积的量具是量筒和量杯。量筒和量杯均为圆柱形状，量筒高度比直径大，量杯直径与高度基本相等，杯体上有容积刻度。量筒和量杯均可在配制涂料、树脂或溶剂时用来定量测量体积，玻璃量杯还能用于加热。

3. 质量量具

用于计量重量的量具是磅秤和天平。磅秤是用于工程材料的称量器具，有普通（杠杆式）磅秤和电子磅秤（电子衡），其计量单位为千克（kg）、吨（t），其中用于称量载重车辆载重量的地中衡，最大称载量可为几十吨。天平用于精密称量，一般以克（g）为单位，最小刻度为毫克（mg）。

二、常用计量单位

1. 常用法定计量单位

我国的法定计量单位是以国际单位制单位为基础的，同时选用了一些非国际单位制的单位，构成我国法定计量单位的部分主要内容，见表5—1、表5—2、表5—3、表5—4。

表5—1　　国际单位制基本单位

量的名称	单位名称	单位符号
长度	米	m
质量	千克	kg
时间	秒	s
电流	安【培】	A
热力学温度	开【尔文】	K
物质的量	摩【尔】	mol
发光强度	坎【德拉】	cd

表5—2　　具有专门名称的国际单位制导出单位（部分）

量的名称	单位名称	单位符号	其他表示式
频率	赫【兹】	Hz	s^{-1}
力	牛【顿】	N	$kg \cdot m/s^2$
压力，压强，应力	帕【斯卡】	Pa	N/m^2

续表

量的名称	单位名称	单位符号	其他表示式
摄氏温度	摄氏度	℃	
功率，辐【射能】通量	瓦【特】	W	J/s
电荷【量】	库【仑】	C	A · s
电位，电压，电动势	伏【特】	V	W/A
电容	法【拉】	F	C/V
电阻	欧【姆】	Ω	V/A

表 5—3　　用专门名称的国际单位制导出单位示例

量的名称	单位名称	单位符号
黏度	帕斯卡秒	Pa · s
力矩	牛顿 - 米	N · m
表面张力	牛顿每米	N/m
热流密度、辐射照度	瓦特每平方米	W/m^2
热熔、熵	焦耳每开尔文	J/K
比热熔，比熵	焦耳每千克开尔文	J/（kg · K）
比能	焦耳每千克	J/kg
热导率（导热系数）	瓦（特）每米开尔文	W/（m · K）
能（量）密度	焦耳每立方米	J/m^3
电场强度	伏特每米	V/m
电荷体密度	库仑每立方米	C/m^3
电位移	库仑每平方米	C/m^2
电容率（介电常数）	法拉每米	F/m
摩尔能（量）	焦耳每摩尔	J/mol
摩尔熵、摩尔热熔	焦耳每摩尔开尔文	J/（mol · K）

表 5—4　　我国选定的非国际单位制单位

量的名称	单位名称	单位符号
时间	分	min
	小时	h
	天（日）	d
	年	a

续表

量的名称	单位名称	单位符号
平面角	度	°
	分	′
	秒	″
体积	升	L，(l)
质量	吨	t
长度	海里	n mile
旋转速度	转每分	r/min

在人们的生活中，质量习惯称为重量。公里为千米的俗称，符号为 km。10^4称为万，10^6称为兆，10^8称为亿。由这些单位组成了其他量的单位。如面积的单位称为平方米，符号是 m^2；密度的符号是 kg/m^3，名称叫“千克每立方米”。

2. 常用计量单位的换算

目前，除了法定计量单位以外，还能遇到许多其他的计量单位。例如，我国旧制的市尺、市斤、大气压、公斤每平方厘米均属于应废除但仍有使用的计量单位；还有其他国家通用的单位，如英尺、磅、加仑也时常可见。因此，常常需要进行计量单位之间的换算，见表 5—5 至表 5—10。

表 5—5　　长度单位换算

厘米	米	千米	市尺	市里	英寸	英尺	码	英里	海里
1	0.01		0.03		0.393 7	0.032 8			
100	1	0.001	3	0.002	39.37	3.280 8	1.093 6		
	1 000	1	3 000	2	39 370	3 280.8	1 093.6	0.621 4	0.539 96
33.33	0.333 3		1		13.123	1.093 6	0.364 5		
	500	0.5	1 500	1		1 640.4	546.8	0.310 7	0.269 8
2.54	0.025 4		0.076 2		1	0.083 3	0.027 8		
30.48	0.304 8		0.914 4		12	1	0.333 3		
	0.914 4		2.743 2		36	3	1		
	1 609.3	1.690 3	4 828	3.218 7		5 280	1 760	1	0.869
	1 852	1.852	5 556	3.704		6 070	2 025.4	1.150 8	1

表 5—6　　英寸的分数小数习惯称呼与毫米对照

英寸（分数）	英寸（小数）	我国习惯称呼	毫米	英寸（分数）	英寸（小数）	我国习惯称呼	毫米
1/16	0.062 5	半分	1.587 5	9/16	0.562 5	四分半	14.287 5
1/8	0.125 0	一分	3.175 0	5/8	0.625	五分	15.875 0
3/16	0.187 5	一半分	4.762 5	11/16	0.687 5	五分半	17.462 5
1/4	0.250	二分	6.350	3/4	0.750 0	六分	19.050 0
5/16	0.312 5	二分半	7.937 5	13/16	0.812 5	六分半	20.637 5
3/8	0.375 0	三分	9.525 0	7/8	0.875 0	七分	22.225 0
7/16	0.437 5	三分半	11.112 5	15/16	0.937 5	七分半	23.802 5
1/2	0.500 0	四分	12.700 0	1	1	1 英寸	25.400 0

表 5—7　　面积单位换算

平方厘米	平方米	公亩	平方市尺	市亩	平方市里	平方英寸	平方英尺	英亩	平方英里
1	0.000 1		0.000 9			0.155			
10 000	1	0.01	9	0.0015		1 550	10.764		
	100	1	900	0.15	0.000 4		1 076.4	0.024 7	
1 111.1	0.1 111		1			172.22	1.196		
	666.67	6.666 7	6 000	1			7 176	0.164 7	
		2 500		375	1			61.75	0.096 5
6.451 6			0.005 8			1	0.006 9		
929.03	0.092 9		0.836 1	0.000 14		144	1		
	4 046.9	40.469	36 422	6.070 3			43 560	1	0.001 6
		25 900		3 885	10.36			640	1

表 5—8　　体积容积换算

立方厘米	立方米	升	立方市尺	立方英寸	立方英尺	美加仑	英加仑
1				0.061			
	1	1 000	27	61 024	35.315	264.18	220.0

表 5—9　　质量单位的换算

单位	千克（公斤）	克	吨	市斤	英吨	磅	盎司
1 千克	1	1 000	0.001	2	0.000 984 2	2.204 6	35.274 0
1 克	0.001	1	1×10^{-6}	0.002	9.842×10^{-7}	0.002 204 6	0.035 274
1 吨	1 000	1×10^{6}	1	2 000	0.984 207	2 204.62	35 274.0

续表

单位	千克（公斤）	克	吨	市斤	英吨	磅	盎司
1市斤	0.5	500	0.000 5	1	0.000 492 1	1.102 31	17.637
1英吨	0.001 060	1.016×10^{6}	1.016 05	2 032.1	1	2 240	3 584.0
1磅	0.453 592	453.592	$4.535\ 92\times10^{-4}$	0.907 185	$4.464\ 3\times10^{-4}$	1	16
1盎司	0.028 349 5	28.349 5	$2.834\ 95\times10^{-5}$	0.056 699	$2.790\ 18\times10^{-5}$	0.062 5	1

表5—10　　压力、压强、应力单位换算

单位	兆帕	千克力/平方厘米	巴	毫米汞柱	标准大气压	米水柱	磅力/平方英寸
1兆帕	1	10.197 2	10	7 500.62	9.869 23	101.972	145.0
1千克力/平方厘米	0.098 066 5	1	0.980 665	735.559	0.967 841	10	14.22
1巴	0.1	1.019 72	1	750.062	0.986 923	10.197 2	14.50
1毫米汞柱	0.000 133 3	$1.359\ 51\times10^{-3}$	$1.333\ 22\times10^{-3}$	1	$1.315\ 79\times10^{-3}$	$1.359\ 51\times10^{-2}$	0.019 34
1标准大气压	0.101 325	1.033 23	1.013 25	760	1	10.332 3	14.7
1米水柱	0.009 806 65	0.1	$9.806\ 65\times10^{2}$	73.555 9	$9.678\ 41\times10^{-2}$	1	1.422
1磅力/平方英寸	0.006 894	7.03×10^{-2}	0.068 94	51.71	0.068 0	0.703 7	1

第3节　施工对象与施工环境

一、施工对象

防腐蚀工程的施工对象包括管路、设备、构筑物、建筑物、运载器材、零部件等。如长距离输送流体的管路、厂区流体管路、车间内流体管路、各种各类化工炼油设备、航运设备、船体、水闸、线塔和发射塔、桥梁、锅炉、发电机组、港口设施、海上平台、航空航天设施、厂房、房屋、各种地坪等。

施工对象由不同的材料建造，建造材料包括黑色金属、有色金属、混凝土、灰砂体、木材、其他非金属材料等。

二、施工环境

防腐蚀工程施工的环境一般来说比较差，为了尽可能改善施工条件，保证施工人员的身体健康、施工安全和施工质量，应清楚施工环境，采取相应的安全措施、劳动保护措施，制定适合的施工方案。

1. 野外

不少防腐蚀工程在野外施工，如长距离输油输气管线、石油化工装置、发射塔等。野外施工应注意水电来源、物资供应和生活保障。施工前应备足原材料，事先考虑各种困难和意外，防止施工时凑合应付。

2. 高处

多数要进行防腐蚀的装置、管线和机构都处于较高的位置。按照国家规定，凡在高度 2 m 以上而有可能坠落的高处作业，均称为高处作业。高处作业必须戴安全带，防止高空坠物伤人，还要根据高处作业具体情况（风力、雨雪、光照、温度、毒害性、带电体的距离、有无立足点等）采取措施，使高处作业人员在安全、安定的条件下施工。

3. 容器内

进入贮罐、塔、釜、舱、槽等靠人孔口进入而与外界隔离的容器内施工，必须特别注意各种安全保护措施。进入前，务必分析容器内氧气含量是否符合人体安全，易燃、易爆、有毒物质含量是否降到容许浓度，容器的进出管路是否采用了盲板与其他系统隔离。进入工作前必须办妥一切开工手续，必须由甲方或生产部门开具进入容器作业许可证，方可进入容器内施工；施工时，容器外必须有专人随时监护，对有害物质应随时监测。

4. 工厂区

工厂区包括工厂、码头、库区等。在工厂区域内施工，特别要注意防火、防爆、防毒的安全条例，遵守厂区的一切规章制度，严禁随手触动厂区的各种按钮、阀门、不明物。不要随便使用厂区不明管线冲洗、吹扫、通风。总之，施工环境千差万别，防腐蚀施工人员应多学习、多问，决不可想当然、擅自做主。要做到不自伤，不伤人，不被他伤，保护环境。

思 考 题

1. 常用工程材料可以分为哪两大类？
2. 涂料的组成大体上可分为哪三部分？
3. 常用的不透性石墨主要有哪些？
4. 常用的计量器具有哪些？
5. 我国法定计量单位是以什么为基础的？
6. 常见的施工环境有哪些？

第6章

安全环保基本知识

第1节 安全知识

一、安全生产责任制

(1) 防腐专业施工队长是安全管理工作的主要负责人，负责组织全队安全施工，形成安全管理网络，每日班前要向施工人员进行安全交底。

(2) 工程技术人员要做好技术交底，贯彻执行技术规范、标准和操作规程，推广使用现代化施工技术。发现违章人员有权制止并应及时向上级汇报，参加安全事故调查分析工作。

(3) 安全管理人员要做到跟班作业、跟班检查，发现施工安全问题和隐患立即处理，对违章人员有权制止，直至令其停止施工。经常检查进入施工现场工作人员的防护品穿戴情况，负责现场防火工作、卫生工作、监督检查安全措施，负责设置安全施工标志。

(4) 作业人员要自觉执行安全法规，遵守劳动纪律，参加民主管理，形成安全监督体系，自觉地穿戴好安全防护品，搞好现场文明施工。

(5) 安全工作要坚决贯彻“安全生产，人人有责”“安全首长负责制”，形成群众性的安全监督检查岗，做到安全工作天天讲、事事讲，搞好动态安全管理，加强预测和监督工作。

二、危险化学品安全知识

1. 防火、防爆安全措施

（1）燃烧和爆炸的概念

1）燃烧。燃烧是可燃物与氧化剂作用发生的放热反应，通常伴有发热、发光和（或）冒烟的现象。燃烧必须具备三个条件：有可燃物存在，有助燃物存在，有能导致着火的点火源。

2）爆炸。爆炸指物质由一种状态迅速地转变为另一种状态，并在瞬时以机械功的形式放出大量能量的现象。爆炸是物质的一种剧烈的物理、化学变化，是大量能量在短时间内迅速释放或转化为机械功的现象。它通常是借助于气体的膨胀来实现的。

（2）防火、防爆措施

1）明火控制。在防腐施工中，由于很多施工中都需要用到溶剂等易燃易爆的原料，所以对明火的控制要求非常严格，除禁止一切火源以外，还应采用防爆的电器设备，同时要求操作人员不能穿易产生静电的工作服。

2）通风。在防腐施工过程中，涂料等防腐材料均属易燃易爆物质。在相对密闭的容器内作业时，当挥发的溶剂达到一定浓度时，即可达到引起火灾、爆炸的极限。加强通风，可降低易燃易爆物质的含量，防止易燃易爆物质的聚集，从而减少发生火灾爆炸的危险性。

2. 防毒安全措施

（1）工业毒物来源

当某种物质进入机体累积到一定量后，就会与机体组织发生生物化学或生物物理变化，干扰或破坏机体的正常生理功能，引起暂时性或永久性的病理状态，甚至危及生命，我们把这种物质称为毒物。工业毒物是指工作生产过程中接触到的化学物质。

工业毒物的来源是多方面的。化工生产中所使用的原材料，如生产甲醛使用的甲醇；生产过程中的中间体或副产物，如生产苯胺的中间产品硝基苯；生产的最终产品，如农药；生产所用的催化剂，如乙炔法生产氯乙烯所用的催化剂氯化汞；生产过程中的溶剂，如常用的有机常溶剂乙醇和丙酮；生产原料和产物所含带的杂质，如合成氨原料气中的一氧化碳和硫化氢等；合成塑料、合成橡胶、合成纤维过程中所用的增塑剂、防老剂、稳定剂等，多数都是有毒物质。

（2）工业毒物分类

工业毒物的分类方法很多，主要有按物理形态分、按中毒性质和作用分、按化学性质和用途相结合的方法分等。

1）按物理形态分。工业毒物按物理形态可分为5种：

①粉尘。漂浮于空气中的固体颗粒，直径大于0.1 μm，主要产生于固体物料粉碎、研磨过程，如制造铅丹颜料的铅尘、生产电石的电石尘等。

②烟尘。飘浮于空气中的烟状固体微粒，直径小于0.1 μm，主要是生产过程中产生的金属蒸汽等在空气中氧化而成，如金属冶炼时放出的金属蒸汽氧化成的金属氧化物，如氧化锌、氧化铬等。

③雾。悬浮于空气中的微小液滴，多由蒸汽冷凝或液体喷散而成，如铬电镀时的铬酸雾、喷漆中的含苯漆雾等。

④蒸汽。散布于空气中的蒸汽，由液体蒸发或固体升华而成。前者如苯蒸汽、汞蒸汽等，后者如磷蒸汽等。

⑤气体。散布于空气中的气态物质，如氯气、一氧化碳、硫化氢、二氧化硫等。

2）按中毒性质和作用分。工业毒物按中毒性质和作用可分为以下9种：

①刺激性毒物。直接作用于机体组织会引起组织发炎。如酸的蒸汽、氯气、氨气、二氧化硫、硫化氢等。

②会引起化学性窒息而危及健康毒物。如氯气、氢气、二氧化碳、一氧化碳等。

③麻醉性毒物。主要对神经系统有麻醉作用。如芳香族化合物、醇类、醚类、苯胺等。

④溶血性毒物。有溶血作用，可引起血红蛋白变性、溶血性贫血。如苯、二甲苯胺、硝基苯、二硝基氯化苯、对硝基苯胺、苯肼、邻硝基氯苯等。

⑤腐蚀性毒物。引起呼吸道腐蚀病变。如溴、重铬酸盐、硝酸、五氧化二磷等。

⑥致敏性毒物。有致敏作用，可引起过敏性皮炎、过敏性哮喘。如镍盐、碘蒸汽、马来酸酐等。

⑦致癌性毒物。有致癌作用，如蒽、双（氯甲基）醚、联苯胺、氯乙烯、3，4－苯并芘（主要含于煤焦油沥青中）等。

⑧致突变性毒物。长期接触此类毒物可以引起机体畸形，或作用于母体引起胎儿畸形。如甲基苯、多氯联苯、有机磷农药等。

⑨致突变性毒物。能引起生物体细胞的遗传信息和遗传物质发生突变，使遗传

变异。

3）按化学性质和用途相结合的方法分。按此类分法工业毒物可分为以下8种：

①金属、类金属及其化合物。毒物元素中最多的一类，如铅、铬、锌等。

②卤素及基无机化合物。如氟、氯、溴、碘等。

③强酸和强碱性物质。如硫酸、硝酸、氢氧化钠、碳酸钠等。

④氧、氯、碳的无机化合物。如臭氧、二氧化氮、一氧化碳等。

⑤惰性气体。如氮气、氦气等。

⑥有机毒物。包括脂肪烃类、芳香烃类、卤代烃、氨基和硝基化合物、醇、醛、苯酚、醚、酮、酰、酸、腈等。

⑦农药类毒物。包括有机氯、有机磷、有机硫等。

⑧染料及中间体、合成高分子物质毒物。

（3）工业毒物防治措施

1）工艺选用。在确定生产工艺时，要优先选用不产生或少产生毒害的新工艺、新技术。尽量以低毒或无毒物代替高毒物质。散发粉尘的作业应尽量采用湿法作业或者以颗粒物料、浆料代替粉料。如选用硝基苯催化加氢法进行苯胺生产，代替过去采用的铁粉还原法，从而消灭了有毒铁泥的危害，既清净了环境，又改善了劳动条件，保障了操作工人的身体健康。在乙醛的生产中，以乙烯直接氧化制乙醛代替了以硫酸汞为催化剂、乙炔水合制乙醛的方法，消除了汞的危害等。

2）加强密闭与隔离。为有效防止化工生产中有毒物质的外逸，应尽量使用密闭的生产工艺和设备。避免敞开式操作，减少作业人员的直接接触。加强设备、管道、法兰、阀门、机泵等的选材、选型，提高设计、加工、安装水平，做好生产装置的有效密闭。日常应加强维护保养及检查，有效防止“跑”“冒”“滴”“漏”。

对有害尘毒物质危害严重的生产装置可布置在半封闭或全封闭的建（构）筑物内，其排风量应比送风量大10%以上，以保证封闭房间内维持负压，使有害尘毒不会外逸；也可以设置独立的操作室或控制室，利用送风保持正压，使有害尘毒不能进入，有效地实现人员与毒物的隔离。

3）加强通风。化工生产中存在很多加料、出料、取样等操作，各类设备及附件也存在腐蚀、磨损、老化等问题，很难做到生产装置的绝对密封，不可避免会有少量毒物逸出。因此，通常采用必要的通风措施将空气中的毒物及时排走或稀释，以使其符合国家卫生标准的要求。

通风排毒可以分为自然通风和机械通风，局部通风和全面通风，送风和排风。应在生产装置中毒物主要逸散点（如加料点、排料点、搅拌口等处）装设局部排风装置，使散发的尘毒就近排出，对排出浓度较大者应进行净化回收等处理，以免造成污染。必要时可增加机械送风，保证新鲜洁净的空气送到工人的作业点或呼吸带。全面通风是利用大量新鲜的空气将作业环境的尘毒稀释，适用于尘毒危害性较低、正常情况下浓度较小的场所。送风与排风也可以结合起来同时使用。

4）提高自动化与程序控制水平。自动化与程序控制是现代化工生产大型化、连续化的要求，同时也为尘毒预防提供了条件。加料、排料、取样、检测等过程实现自动化，免除了工人直接接触的危险，起到了有效的隔离作用。工艺参数等的自动和程序控制使生产过程的非正常排放等事故频率大幅度减少，降低了工人短时间内处于高浓度尘毒的危险。

5）消除“二次尘毒源”。粉尘和毒物可能因泄漏或储运过程而积存于车间、厂区甚至渗入地下，因风力作用或蒸发作用等可能再次污染车间空气，形成二次污染源。

由于尘毒物质可能长期存在于围护结构内，为防止其缓慢向车间内释放有害物质，对于尘毒危害严重的厂房和仓库的墙壁、顶棚和地面应采用光滑的、不易渗透、不易吸附、不易吸收毒物的材料，必要时应设防腐、防水等特殊保护层以便清扫。清扫要经常、彻底，应采用吸尘、冲洗等方式，避免尘毒二次飞扬。

6）除尘。利用除尘设备除掉粉尘是防止粉尘外逸的有效措施。按照除尘设备的工作原理，可以把除尘设备分为以下几种：

①利用重力、离心力、惯性力等作用，是实现粉尘分离的机械除尘器。

②利用粉尘吸水性、溶解性与离心力、碰撞作用，实现含尘气体净化的湿式除尘器。

③利用多孔材料对粉尘的过滤作用捕集、阻留粉尘的过滤式除尘器。

④利用粉尘的荷电性与电场力作用捕获粉尘的电除尘器。

7）设置必要的事故应急处理设施。对于有毒物质泄露可能造成重大事故的设备，应设置安全排放装置、事故储槽、自动检测报警、事故连锁处理装置等。如二氧化硫储槽宜设有备用储罐；液氯储存仓库周围宜安装水蒸气或氨水喷淋设施；光气生产中，应装设事故碱液喷淋设施等。

三、施工安全

1. 高空施工安全

(1) 高处作业的范围

在离地面垂直距离 2 m 以上位置的作业或虽在 2 m 以下，但在作业地段坡度大于45°的斜坡下面，或附近有坑、井和有风雪袭击、机械振动的地方以及有转动机械或有堆放物易伤人的地点作业，均属高处作为，都应按照高处作业规定执行。高处作业属于危险作业。

（2）高处作业的安全规定

1）高处作业人员须经体格检查，身体患有高血压、低血压、心脏病、贫血病、癫痫病、精神病、习惯性抽筋等疾病和身体不适、精神不振、恐高症的人员都不应从事高处作业。

2）高处作业用的脚手架、吊栏、手动葫芦必须按照有关规定架设。严禁用吊装机械载人。高处作业用的工具、材料，要用机械或吊绳传送，不可投掷。

高空作业下方应设置安全围栏、安全护体或安全网等。高空作业人员必须戴好安全帽，系好安全带。安全带的挂钩应固定在牢固的物体上，以防止坠落。

3）高处作业时，一般不应垂直交叉作业，凡因工序原因必须上下同时作业时，必须采取防范措施。

4）遇有六级以上强风或其他恶劣天气时，应停止露天高空作业。夜间作业须有足够的照明。

5）在易散发有毒气体的厂房、设备上方施工时，要设专人监护。如发现有有毒气体排放时，应立即停止作业。

6）高处作业附近有架空电线时，应根据基电压等级与电线保持规定的安全距离（电压≤110 kV，安全距离为2 m；电压220 kV，安全距离为3 m；电压380 kV，安全距离4 m）。机具不得触及电线，防止触电。

7）严禁不采取任何安全措施就直接站在石棉瓦、油毡等易碎裂材料的屋顶上作业。应在此类结构的显眼地点挂上警告牌，以防止误登。若必须在此类结构上作业时，应架设木板等措施，以防止坠落。

2. 罐内作业

凡进入塔、釜、槽、罐等容器以及地下室、阴井、下水道或其他密闭场所进行的作业，均称为罐内作业。化工检修中罐内作业非常频繁，和动火作业一样，是危险性很大的作业。由于设备内部活动空间小，工作场地狭窄，内部通风不畅，照明不良，人员出入困难，联系不便，设备内温、湿度高，更有酸、尘、烟、毒的残留物存在，加之氧气稀薄，稍有疏忽，就可能发生燃烧、爆炸、中毒等意外事故，且受伤人员难以抢救。所以，对罐内作业的安全问题必须予以高度重视。

罐内作业的安全要点如下：

（1）建立罐内作业许可证制度

进入罐内作业，必须申请办证，并得到批准。要明确作业的内容、时间、方案，制定落实安全措施，分工明确责任到人。

（2）进行安全隔离

作业的设备必须和其他设备、管道进行可靠隔离，绝不允许其他系统的介质进入到检修的设备内。

（3）进行置换通风

防止危险气体大量残存，并保证氧气充足（氧含量 18% ~21%）。作业时应打开所有的人孔、手孔等，保证自然通风。对通风不良及容积较小的设备，作业人员应采取间歇作业或轮换作业；必要时可采取机械通风。

（4）取样分析

入罐作业前，必须按时间要求（一般在 30 min 内）进行安全分析，达到安全后才能进行作业。作业中应每间隔一定时间就重新取样分析。

（5）罐外监护

必须指定专人在外监护，罐内作业一般应指派两人以上进行监护。监护人应了解介质的各种性质，应位于能经常看见罐内作业人员的位置，眼光不得离开作业人员，更不准擅离岗位，发现罐内有异常时，应立即呼叫急救人员。

（6）用电安全

罐内作业照明、使用的电动工具，必须使用安全电压。干燥环境的罐内电压应≤36 V，潮湿环境的电压应≤12 V，若有可燃物存在，还应符合防爆要求。

3. 电气作业安全

电气检修应遵照《电气安全工作规程》做好相应的安全措施。

（1）工作监护制度

电气检修工作应有人监护。根据工作需要，可设专职监护人，专职监护人不得同时兼任其他工作。

（2）低压带电操作安全措施

低压带电作业应当使用绝缘性能好的工具，应穿绝缘鞋，站在干燥的地方，戴手套，戴安全帽，穿长袖工作服，必要时戴护目镜。低压带电检修应设专人监护。检修前应分清火线、零线。如无绝缘措施，检修人员不得穿越带电导线。检修时应细心谨慎，防止操作失误造成短路。应注意人体不得同时触及两根导线。

（3）检修停电安全技术措施

1）停电。对于要停电检修的设备，必须要把各方面的电源全部断开。

2）验电。验电须选用相应电压等级的验电器，应先在有电部位试验，以确认验电器完好，高压验电时必须戴绝缘手套。

3）装设接地线。检验设备确已无电后，应用临时接地线将检修设备接地并三相短路，以防突然来电造成危害。

4）悬挂标示牌和装设遮栏。在一经合闸即可送电到工作地点的所有开关处，均悬挂“禁止合闸，有人工作”的标志牌；在开关柜内接地线后，应在工作地点四周的遮拦上、禁止通行的过道上和工作地点附近悬挂或竖立“止步，高压危险”标示牌；在工作地点悬挂“在此工作”标示牌。

4. 动火作业安全

在禁火区，进行焊接与切割作业；在易燃易爆场所使用喷灯、电钻、砂轮、喷砂等可能产生火焰、火花或炽热表面的临时性作业均属动火作业。动火作业分特殊动火、一级动火和二级动火 3 类。

动火作业必须经动火分析，合格后取得动火安全作业证方可进行。动火安全作业证制度包括：

（1）在禁火区进行动火作业应办理“动火安全作业证”，严格履行申请、审核和批准手续。“动火安全作业证”上应该清楚标明动火等级、动火有效日期、动火详细位置、工作内容（含动火手段）、安全防火、动火监护人、防护措施以及动火分析的取样时间、地点、结果，审批签发动火证负责人必须确认无误方可签字。

（2）动火作业人员在接到动火证后，要详细核对各项内容，如发现不符合动火安全规定，有权拒绝动火，并向单位防火部门报告。动火作业人员要随身携带动火证，严禁无证作业及手续不全作业。

（3）动火前，动火作业人员应该将动火证交现场负责人检查，确认安全措施已落实无误后，方可按规定时间、地点、内容进行动火作业。

（4）动火地点或内容变更时，应重新办理审证手续，否则不得动火。

（5）高处或设备内进行动火作业时，除办理“动火安全作业证”外，还必须办理“高处安全作业证”和“设备内安全作业证”。

四、消防措施

1. 灭火的原理

根据燃烧的三个条件，可以采取除去可燃物、隔绝助燃物（氧气）、将可燃物冷却到燃点以下的温度等灭火措施。

（1）隔离法

将火源与火源附近的可燃物隔开，中断可燃物质的供给，控制火势蔓延。具体措施有：

1）用妥善的方法迅速移去火源附近的可燃、易燃、易爆和助燃物品。

2）封闭着火建筑物的孔洞，堵塞或改变火势蔓延途径。

3）关闭可燃气体、液体管道的阀门，切断或减少可燃物进入燃烧区域。

4）阻堵着火液体流淌。

5）火势严重时，及时拆除与火源毗邻的易燃建筑物，建立隔离带。

采取隔离措施时，一定要注意自我保护，避免不必要的伤害。

（2）冷却法

往火焰中喷入吸热量大的物质，降低温度，燃烧速度会减慢，当温度低于可燃物燃点时，燃烧停止。热容量大的固体、液体，特别是蒸发潜热大的液体，都可作冷却物质。最常用的冷却物质是水，除此之外还有液态卤代烷等。采用水灭火时，应注意与火源保持一定距离，防止烧伤。

值得注意的是，以下几种情况的火灾不能用水扑救：遇水燃烧物，如金属钾、钠、碳化钙等；比水轻（密度小于水），且不溶于水的易燃液体，如醇类、酮类、酯类、油品等；与水反应生成有毒或腐蚀性气体的物品，如磷化铝、磷化锌等；未切断电源的电气高温设备。

（3）稀释法

降低燃烧系统中可燃物或助燃烧物的浓度，可以很好地抑制燃烧。实际操作中最有效的办法是将对燃烧不活泼的气体充入燃烧系统中，以稀释可燃物的浓度，如用压缩氮气、二氧化氮灭火。

（4）窒息法

用不燃物或难燃物覆盖、包围燃烧物，阻碍空气或其他助燃物与燃烧物接触，抑制燃烧。采用窒息法的具体措施有：用不燃或难燃物，如沙土、石粉、石棉布、毯子、湿麻袋、浸水布单（衣）等直接覆盖在燃烧物的表面上；将不燃气体灌入燃烧容器内，如氮气、水蒸气；封闭容器孔洞；使用各种灭火剂，如泡沫、二氧化碳、水蒸气等。

2. 常用消防措施

（1）灭火器

灭火器由于其结构简单，操作方便、灵活，应用十分广泛，是扑救初起火灾的最基本、最有效的大众化灭火器材，对保护人的生命财产安全有着十分重要的作用。

灭火器种类繁多，按充装的灭火分类，有干粉型灭火器、二氧化碳型灭火器、泡沫型灭火器和卤代烃型灭火器等。

1）干粉型灭火器。干粉型灭火器是利用二氧化碳或氮气作动力，将干粉从喷嘴内喷出，形成一股雾状粉流，射向燃烧物质灭火。普通干粉又称BC干粉，用于扑救液体和气体火灾；多用干粉又称ABC干粉，可用于扑救固体、液体和气体火灾。

2）二氧化碳型灭火器。二氧化硫型灭火器适用于扑救低压电气设备、精密仪器、图书、档案的火灾；范围不大的各种易燃、可燃液体、可燃气体火灾；一些不能用水扑救的物质的火灾。

3）泡沫型灭火器。泡沫型灭火器主要适用于扑救各种油类火灾，以及木材、纤维、纸张、橡胶等固体可燃物火灾。不能扑救忌水和带电设备火灾。

4）卤代烃型灭火器。卤代烃型灭火器又称1211灭火器（1301灭火器），适用于扑救易燃、可燃液体、气体以及带电设备的火灾，也能对固体物质表面火灾进行扑救。

（2）消火栓

消火栓主要供消防车从市政给水管网或室外消防给水管网取水实施灭火，也可以直接连接水带、水枪出水灭火。所以，消火栓系统也是扑救火灾的重要措施之一。

（3）其他

用沙、土等作为覆盖物也可进行灭火，它们覆盖在燃烧物上，主要起到与空气隔离的作用；另外，沙土等也可以从燃烧物吸收热量，起到一定的冷却作用。

设置灭火器材总的要求是：根据施工现场可能发生火灾的性质，选择灭火器材的种类，应保证足够的数量，且应放置在明显、取用方便的地方，并需定期检查。

第2节　环境保护知识

环境是指影响人类生存和发展的各种天然的和经过人工改造的自然因素的总体，是人类生存的必要条件。环境状态不仅影响人的生存条件和身体健康，而且还影响企业及国家的可持续发展 。《中华人民共和国环境保护法》明确规定，环境保护是防止环境污染和生态破坏，为人民创造清洁适宜的生活和劳动环境，保护人民健康，促进经济发展的。它是我们国家的基本国策，也是各行各业都要贯彻的方针。

防腐蚀施工会产生粉尘、噪声、有害废气废物、污水等，如不加处理，必然会对周围环境造成破坏，因此，施工中应该采取一定的环境保护措施，以保护施工周边环境。

一、环境保护的组织措施

（1）实行环保目标责任制，把环保目标列入岗位责任制，有明确的责任人，把环境保护作为考核业绩的一项内容，并和经济挂钩。

（2）在编制施工组织设计时，必须有明确的环保措施，要求在施工现场严格执行国家、地区、行业及企业关于环境保护的相关法律、法规和规章制度。

（3）企业在防腐蚀施工过程中，要加强对现场污染的检测和检查工作，保证在施工组织设计中要求的环保措施能在现场施工时落实到位。

二、环境保护的技术措施

1. 粉尘的治理

在防腐施工中，往往会产生大量的粉尘，如喷射除锈过程中的粉尘（尤其是采用石英砂作为磨料时）、金属喷涂过程中的金属粉尘等，一般宜采用封闭的施工场所，如密闭喷砂房等，还需要配合一定的除尘设备。对于现场施工，则尽可能地采用工棚及除尘设施，同时应该避免在人口密集的场所施工。

2. 废液及废弃物的治理

在防腐施工中，有可能会有一些废液产生，如化学清洗中的残留酸液、除油污时使用的溶剂、污水等，这些废液如直接排放会对环境造成严重的污染，需要加以处理后达标排放。

3. 固体废弃物的治理

在防腐施工中，会产生一定的固体废弃物，如喷砂后夹杂铁锈等化学物料的碎砂、调好未用完的胶泥等，这些废弃物由于含有一些化学物质，因此不能简单就地丢弃或掩埋，必须将这些废弃物及时地清理并送到指定地点集中处理。

4. 噪声的治理

在防腐施工中，往往会产生很大的噪声，如喷射除锈时会有比较大的噪声；金属喷涂施工过程中，尤其是电弧喷涂和超音速喷涂，会产生很强的噪声。对于工厂化施工的，要求金属喷涂的厂房采取隔音处理。在现场施工时，一是尽可能地采取措施降低噪声；二是严格控制施工时间，以保证施工产生的噪声最小限度地影响人们的休息。

思　考　题

1. 安全生产责任制主要有哪些内容？
2. 燃烧必须具备的条件有哪些？
3. 工业毒物的分类方法有哪些？
4. 高处作业的范围包括哪些？
5. 罐内作业的安全要点有哪些？
6. 动火作业分为哪几类？
7. 常用消防措施有哪些？
8. 环境保护的技术措施包括哪些？

第7章 相关法律法规知识

第1节 《中华人民共和国劳动法》相关知识

《中华人民共和国劳动法》（以下简称《劳动法》）是国家为了保护劳动者的合法权益，调整劳动关系，建立和维护适应社会主义市场经济的劳动制度，促进经济发展和社会进步，根据宪法而制定颁布的法律。从狭义上讲，《劳动法》是指1994年7月5日八届人大通过，1995年1月1日起施行的《中华人民共和国劳动法》；从广义上讲，《劳动法》是调整劳动关系的法律法规，以及调整与劳动关系密切相关的其他社会关系的法律规范的总称。

以下对《劳动法》中的劳动合同、工作时间和休息休假、工资、劳动安全卫生、女职工和未成年工特殊保护等进行简单解析和说明，并配有部分案例以供学习参考。

一、劳动合同

1. 劳动合同的订立

劳动合同是劳动关系建立、变更、解除和终止的一种法律形式，劳动合同法律制度是《劳动法》的重要组成部分。劳动合同的订立必须遵循以下原则：平等自愿原则、协商一致原则、合法原则。

劳动合同的必备条款涉及7项：劳动合同期限、工作内容、劳动保护和劳动条件、劳动报酬、劳动纪律、劳动合同终止的条件、违反劳动合同的责任。

2. 劳动合同的变更

劳动合同的变更是指劳动合同依法订立后，在合同尚未履行或者尚未履行完毕以前，双方当事人依法对劳动合同约定的内容进行修改或者补充的法律行为。

（1）只要用人单位和劳动者协商一致，即可变更劳动合同的内容。劳动合同是双方当事人协商一致而订立的，当然经协商一致可以予以变更。一方当事人未经对方当事人同意擅自更改合同内容的，变更后的内容对另一方没有约束力。

（2）劳动者患病或者非因公负伤，在规定的医疗期满后不能从事原工作，用人单位可以与劳动者协商变更劳动合同，调整劳动者的工作岗位。

（3）劳动者不能胜任工作，用人单位可以与劳动者协商变更劳动合同，调整劳动者的工作岗位。

（4）劳动合同订立时所依据的客观情况发生重大变化，致使劳动合同无法履行，用人单位可以与劳动者协商变更劳动合同。

（5）劳动者患职业病或者因工负伤并被确认丧失或者部分丧失劳动能力的；劳动者患病或者负伤，在规定的医疗期内的；女职工在孕期、产假、哺乳期内的；法律、行政法规规定的其他情形。这4种情形下，用人单位不得依据《劳动法》解除劳动合同。

案例

工程师王某与A公司签订了5年的劳动合同。合同执行到第3年时，王某提出涨薪要求，A公司以“乙方的要求超出合同约定及公司支付能力”为由拒绝。王某在接到拒绝通知的第二天即跳槽到B公司，获得比原来高的薪酬。王某在跳槽前未向A公司提出解除劳动合同申请。

问题：王某这么做是否合法?

分析：王某与A公司签订的劳动合同为有效合同。A公司没有出现违反《劳动法》的行为。《劳动法》中规定用人单位与劳动者协商一致，可以解除劳动合同；劳动者提前30日以书面形式通知用人单位，可以解除劳动合同。

王某在未与合同甲方协商一致、未提前30天书面通知甲方的情况下，单方终止劳动合同，属违法行为。王某应按照合同约定向甲方赔偿相应的损失。

二、工作时间和休息休假

1. 工作时间

工作时间是指劳动者根据国家的法律规定，在1个昼夜或1周之内从事本职工作的时间。《劳动法》规定的劳动者每日工作时间不超过 8 小时，平均每周工作时间不超过 44 个小时。

2. 休息休假时间

休息时间指劳动者工作日内的休息时间、工作日间的休息时间和工作周之间的休息时间；法定节假日休息时间、探亲假休息时间和年休假休息时间则称为休假。《劳动法》规定用人单位在元旦、春节、国际劳动节、国庆节以及法律法规规定的其他休假节日中应当依法安排劳动者休假。用人单位应当保证劳动者每周至少休息一日。

3. 延长工作时间

延长工作时间是指根据法律的规定，在标准工作时间之外延长劳动者的工作时间，一般分为加班和加点。《劳动法》对于延长工作时间的劳动者范围、延长工作时间的长度、延长工作时间的条件都有具体的限制。延长工作时间的劳动者有权获得相应的报酬。

三、工资

1. 工资分配的原则

工资分配必须遵循以下原则：按劳分配、同工同酬的原则，工资水平在经济发展的基础上逐步提高的原则，工资总量宏观调控的原则，用人单位自主决定工资分配方式和工资水平的原则。

2. 最低工资

最低工资是指劳动者在法定工作时间或依法签订的劳动合同约定的工作时间内提供了正常工作的前提下，用人单位依法应支付的最低劳动报酬。在劳动合同中，双方当事人约定的劳动者在未完成劳动定额或承包任务的情况下，用人单位可低于最低工资标准支付劳动者工资的条款不具有法律效力。

案例

孙某为河北省某县农民，在某市打工。2000 年 12 月经人介绍，孙某到某搬家公司作搬运工人，公司每月支付孙某 300 元工资，并安排孙某在公司的集体宿舍居住。2001 年 2 月，某市在公共场所宣传《劳动法》，孙某听到宣传，得知当地的最低工资标准为每月 412 元，遂找到公司徐经理，要求增加工资。徐经理不同意，称公司给孙某提供的住处不是免费的，而是每月从工资中扣除 100 元，发到孙某手里 300 元，而且公司为工人提供免费午餐，并给工人统一购买服装，遇到加班加点还按法律规定付给加班加点费，这些费用加起来孙某的每月收入早已超过 412 元，公司没有违反当地最低工资的规定。如果孙某不愿意在这里干，可以到别处去干。

问题：

（1）徐经理对公司没有违反最低工资规定的表述是否正确？为什么？

（2）若公司的行为不符合法律规定，应承担哪些法律责任？

分析：

（1）徐经理对公司没有违反最低工资规定的表述不正确。最低工资，是指用人单位对单位时间劳动必须按法定最低标准支付的工资。对最低工资应正确计算，根据《企业最低工资规定》加班加点工资、劳动保护待遇、福利待遇等不得作为最低工资组成部分。徐经理将工作午餐、劳动保护费用、福利待遇计算在最低工资范畴内是错误的。本案中孙某每月只得到300元工资，没有达到当地月工资412元的最低工资标准，搬家公司的行为已违反了法律规定。

（2）用人单位应承担的法律责任：用人单位支付劳动者的工资报酬低于当地最低工资标准的，要在补足标准部分的同时另外支付相当于低于部分25%的经济补偿。

四、劳动安全卫生

劳动安全卫生主要是指劳动保护，是指规定劳动者的生产条件和工作环境状况，保护劳动者在劳动中的生命安全和身体健康的各项法律规范，有利于保护劳动者的生命权和健康权，有利于促进生产力的发展和劳动生产率的不断提高。

劳动者的权利包括：获得各项保护条件和保护待遇的权利，知情权，提出批评、检举、控告的权利，拒绝执行的权利，获得工伤保险和民事赔偿的权利。劳动者的义务包括：在劳动过程中必须严格遵守安全操作规程的义务；接受安全生产教育和培训的义务，报告的义务。

五、女职工和未成年工特殊保护

1. 女职工特殊保护

由于女性的身体结构和生理机能与男性不同，有些工作会给女性的身体健康带来危害，从保护女职工生命安全、身体健康的角度出发，法律规定了女职工禁止从事的劳动范围，这不属于对女职工的性别歧视，而是对女职工的保护。同时，对女职工特殊生理期间的保护，即对女职工在经期、孕期、产期、哺乳期的保护，也称为女职工的“四期”保护。

2. 未成年工特殊保护

未成年工指年满 16 周岁未满 18 周岁的劳动者。未成年工劳动过程中的保护包括：用人单位不得安排未成年工从事的劳动范围，未成年工患有某种疾病或具有某种生理缺陷（非残疾型）用人单位不得安排其从事的劳动范围，用人单位应对未成年工定期进行健康检查，用人单位招收使用未成年工登记制度，未成年工上岗前的安全卫生教育。

案例

李某与某宾馆签订了为期 5 年的劳动合同，其中有一条款："鉴于宾馆服务行业本身的特殊要求，凡在本宾馆工作的女性服务员，合同期内不得怀孕；否则企业有权解除劳动合同。"合同履行约 1 年后，李某的男友单位筹建家属楼，为能分到住房，李某与男友结婚，不久怀孕。宾馆得知后，以李某违反合同条款为由做出与李某解除劳动合同的决定。

问题：某宾馆能否单方解除劳动合同？

分析：某宾馆不能单方解除与李某的劳动合同。为保护女职工的合法权益，我国《劳动法》明确规定女职工在孕期、产期、哺乳期内的，用人单位不得解除劳动合同。合同应继续履行。

除以上内容之外，《劳动法》还对促进就业、集体合同、职业培训、社会保险和福利、劳动争议监督检查、法律责任等都作了具体规定。该法律的发布和施行，对于保护劳动者的合法权益，调整劳动关系，建立和维护适应社会主义市场经济的劳动制度意义重大。

第 2 节　《中华人民共和国合同法》相关知识

《中华人民共和国合同法》（以下简称《合同法》）于 1999 年 3 月 15 日九届全国人大会议通过，于 1999 年 10 月 1 日起施行，《中华人民共和国经济合同法》《中华人民共和国涉外经济合同法》《中华人民共和国技术合同法》同时废止。《合同法》是我国第一部统一的、较为完备的合同法典，是民法的重要组成部分，是市场经济的基本法律，与企事业单位的生产经营和人民群众的日常生活密切相关。

《合同法》分为总则、分则、附则三部分，其中最主要的是总则和分则。总则部分对合同的概念、调整范围、基本原则，以及合同的订立、合同的效力、合同的履行、合同的变更和转让、合同的权利义务终止、违约责任都作了明确规定。分则部分则为当事人订立、履行合同提供了具体规范，包括多种企事业单位和公民在生产经营和生活中普遍发生的合同，如买卖合同、赠与合同、借款合同、租赁合同、委托合同、居间合同等。下面对《合同法》总则部分的内容进行简要介绍，分则部分的内容请读者参考法规原文及相应的释义。

一、合同的基本概念

《合同法》规定，合同是平等主体的自然人、法人、其他组织之间设立、变更、终止民事权利和义务关系的协议。

从上述合同的定义可以看出，《合同法》调整的是平等主体之间的民事关系，因此，下列情况不属于《合同法》的调整范围：

（1）婚姻、收养、监护等有关身份关系的协议，不适用《合同法》。

（2）政府依法维护经济秩序的管理活动，属于行政管理关系，不是民事关系，适用有关行政管理的法律，不适用《合同法》。

（3）法人、其他组织内部的管理关系，适用有关公司、企业的法律，也不适用《合同法》。

二、合同的订立

合同的订立是指双方当事人就合同的主要条款达成协议的法律行为，是合同履行的前提。当事人的权利义务要通过合同的订立予以确定，订立合同时考虑周到，有利于维护当事人的合法权益，也有利于减少和解决纠纷。

1. 合同的主体

《合同法》规定，当事人订立合同，应当具有相应的民事权利能力和民事义务能力；当事人依法可以委托代理人订立合同。可见，只有具备法定资格条件，才可以成为合格的合同订约主体。

2. 合同的形式

合同的形式是合同内容的载体。《合同法》规定，当事人订立合同，可采用书面形式、口头形式和其他形式。

书面形式是通过文字等可以有形再现所载内容的方式来表达当事人所订合同内容的合同形式，包括合同书、信件、数据电文（如电报、电传、传真、电子数据交换和电子邮件）等。口头形式是指当事人面对面地谈话或通过通信设备（如电话）交谈达成协议。《合同法》规定，法律、行政法规规定采用书面形式的，或当事人约定采用书面形式的，应当采用书面形式。

3. 合同的内容

合同的内容也叫合同的条款，是确定合同双方当事人权利义务关系的根本依据，也是判断合同是否有效的客观依据。《合同法》规定，合同内容由当事人约定，当事人可以参照各类合同的示范文本订立合同。合同条款一般包括：当事人的名称或者姓名和住所，标的，数量，质量，价款或者报酬，履行期限、地点和方式，违约责任，解决争议的方法。

4. 合同的订立方式

《合同法》规定，当事人订立合同，采取要约、承诺方式。

（1）要约

要约是希望和他人订立合同的意思表示。要约的意思表示须符合下列条件：

1）内容具体、确定。

2）表明经受要约人承诺，要约人即受该意思表示约束。

要约不同于要约邀请。要约邀请是希望他人向自己发出要约的意思表示，如寄送的价目表、拍卖公告、招标公告、招股说明书、商业广告等为要约邀请。商业广告的内容符合要约规定的，视为要约。要约到达受要约人时生效。

（2）承诺

承诺是受要约人同意要约的意思表示。承诺的内容须与要约保持一致，并以通知的方式做出，在要约确定的期限内到达要约人。承诺通知到达要约人时生效，承诺生效时合同成立。

三、合同的效力

合同的效力即合同的法律约束力。《合同法》规定，依法成立的合同自成立时生效；法律、行政法规规定应当办理批准、登记手续生效的，依照其规定。

1. 合同无效的法定情形

《合同法》规定，有下列情形之一的，合同无效：

（1）一方以欺诈、胁迫的手段订立合同，损害国家利益。

（2）恶意串通，损害国家、集体或者第三人利益。

（3）以合法形式掩盖非法目的。

（4）损害社会公共利益。

（5）违反法律、行政法规的强制性规定。

2. 合同免责条款的无效

《合同法》规定，合同中的下列免责条款无效：

(1) 造成对方人身伤害的。

(2) 因故意或者重大过失造成对方财产损失的。

案例

小陈于2004年进入某超市工作，双方在劳动合同中约定，员工在工作中因自身原因造成事故伤害的，超市方不承担任何责任。2005年9月，小陈在搬运货品过程中不慎摔倒，造成手臂骨折。事后，小陈要求超市支付相应医疗费用，超市以双方在合同中明确约定因员工自身原因造成的事故伤害由自身承担责任为由，拒绝支付任何费用。于是小陈将超市方诉至法院。

问题：超市拒绝赔偿的做法合理吗？

分析：法院经审理认为，双方签订的劳动合同虽然是双方真实的意思表示，但是根据《合同法》中合同免责条款无效的规定，该合同关于“员工在工作中因自身原因造成事故伤害的，超市方不承担任何责任”的免责条款是无效条款，判决超市方支付小陈的相应医疗费用。

四、合同的履行

合同的履行就是合同双方当事人为了实现订立合同的目的而做出合同约定的行为，也就是按照合同约定的主要内容全面完成各自承担的义务。

此外，为保护当事人的合法权益，维护社会经济秩序，防范合同欺诈，防止部分企业利用合并、分立来逃避债务，《合同法》还对当事人变更后债权债务的承担、同时履行抗辩权、不安抗辩权、代位权、撤销权等制度作了规定。此处不再详述，请读者参考法规原文及相应的释义。

五、合同的变更和转让

1. 合同的变更

合同的变更是指在合同成立以后，尚未履行或者尚未完全履行之前，当事人在原合同的基础上达成协议，修改或者补充原合同的内容。合同的变更对于已按原合同所作的履行无溯及力。当事人对合同变更的内容约定不明确的，推定为未变更。

2. 合同的转让

合同的转让是指合同当事人一方依法将其合同全部或部分的权利和义务转让给第三人的行为。合同的转让可分为合同权利的转让、合同义务的转让和合同权利义务的一并转让三种情况。

合同的转让和合同的变更最主要的区别在于：合同转让是合同主体发生变更，但不致改变合同的内容；合同变更则是只对合同的内容进行非实质变更，合同的主体不变。

六、合同的权利义务终止

1. 合同的终止

合同的终止即合同的权利义务终止，是指合同当事人双方终止合同关系，合同确立的权利义务关系消灭。《合同法》规定，有下列情形之一的，合同的权利义务终止：

（1）债务已经按照约定履行。

（2）合同解除。

（3）债务相互抵消。

（4）债务人依法将标的物提存。

（5）债权人免除债务。

（6）债权债务同归于一人。

（7）法律规定或者当事人约定终止的其他情形。

合同的权利义务终止后，当事人应当遵循诚实信用原则，根据交易习惯履行通知、协助、保密等义务。合同权利义务的终止不影响合同中结算和清算条款的效力。

2. 合同的解除

合同的解除是指合同有效成立后，因当事人一方的意思表示或者双方的协议，使基于合同发生的民事权利义务关系归于消灭的行为。合同解除的方式有协商解除、约定解除、法定解除三种。

（1）合同的协商解除。《合同法》规定，当事人协商一致，可以解除合同。

（2）合同的约定解除。《合同法》规定，当事人可以约定一方解除合同的条件。解除合同的条件成就时，解除权人可以解除合同。

（3）合同的法定解除。《合同法》规定，有下列情形之一的，当事人可以解除合同：

1）因不可抗力致使不能实现合同目的。

2）在履行期限届满之前，当事人一方明确表示或者以自己的行为表明不履行主要债务。

3）当事人一方迟延履行主要债务，经催告后在合理期限内仍未履行。

4）当事人一方迟延履行债务或者有其他违约行为致使不能实现合同目的。

5）法律规定的其他情形。

七、合同的违约责任

违约责任是指合同当事人没有履行或者没有按照合同约定履行义务所应承担的民事责任。《合同法》规定，当事人一方不履行合同义务或者履行合同义务不符合约定的，应当承担违约责任。承担违约责任的方式包括继续履行、采取补救措施、停止违约行为、赔偿损失、支付违约金、定金责任等。

第3节 《中华人民共和国环境保护法》相关知识

《中华人民共和国环境保护法》（以下简称《环境保护法》）由中华人民共和国第七届全国人民代表大会常务委员会第十一次会议于1989年12月26日通过并予公布、施行。经过20多年的实施，《环境保护法》为提高广大人民的环境保护意识，为我国环境保护工作的开展作出了巨大贡献。

一、《环境保护法》的主要内容

《环境保护法》分为总则、环境监督管理、保护和改善环境、防治环境污染和其他公害、法律责任、附则六部分。

总则部分对环境做了定义，并对该法的立法目的、适用范围、定位及基本环境保护原则、环境保护的权利义务做了规定。明确环境是指影响人类生存和发展的各种天然的和经过人工改造的自然因素的总体，包括大气、水、海洋、土地、矿藏、森林、草原、野生生物、自然遗迹、人文遗迹、自然保护区、风景名胜区、城市和乡村等。

环境监督管理部分对各级政府部门的环境保护职责做了规定，并明确了不同情况下应执行的环境标准。

保护和改善环境部分对不同类型环境的保护工作，如农村环境、海洋环境、生态环境、名胜古迹等做了区分并进一步细化了相关政府部门的环境保护工作。

防治环境污染和其他公害部分根据污染单位的性质、程度做了不同的防治规定，确立了污染防治的制度，如排污申报制度、限期治理制度等。依法规定应防治的污染和其他公害有废气、废水、废渣、粉尘、恶臭气体、放射性物质以及噪声、振动、电磁波辐射等。

法律责任部分规定了违反本法者应承担的各种法律责任。

附则说明了本法与国际相关条约的对接。

二、《环境保护法》的基本原则

《环境保护法》的基本原则是指为我国有关环境保护法律所确认的、体现环境保护工作基本方针、政策，并为国家环境管理所遵循的基本准则。具体包括：

1．环境保护与经济社会协调发展的原则

《环境保护法》第 4 条规定，“国家制定的环境保护规划必须纳入国民经济和社会发展计划。国家采取有利于环境保护的经济技术政策和措施，使环境保护工作同经济建设和社会发展相协调。”这一原则和国际环境组织提出的“可持续发展”的指导思想是一致的。“协调发展”着重从横向关系上，即制约发展的基本因素的相互关系上对发展提出要求，“可持续发展”则是从纵向历史发展过程，即当前需要与未来需要的关系上提出要求。两者的目的都是为了保证社会的持续发展，既满足当代人的需要，又不对后代人构成危害。

2．预防为主、防治结合、综合治理的原则

采取现有的各种预防措施，尽可能地预防环境问题的发生，防止环境污染和进一步恶化，同时应用先进的环境控制技术治理已经造成的污染，争取做到维持生态平衡，消除污染物对人民身体健康的威胁。

预防为主，就是根据环境问题产生的原因及特点，预先采取措施，防止环境问题及环境损害的发生。预先防范是防治环境污染和破坏的主要措施。通常情况下，环境受到污染和破坏后，恢复和治理需要付出高昂的代价，甚至无法恢复，因此预防为主是环境保护的重要原则。

防治结合，就是在预防污染产生的同时，采取必要的措施，积极治理已经形成的环境污染和生态破坏。预防主要是控制新污染的产生，治理则是解决现实的环境问题，也是预防措施的继续，只有防治结合，才能有效地控制环境污染与破坏，保护和改善环境。

综合治理，是根据环境的特点，采取多种方式和多种途径相结合的办法，对环境污染进行治理。综合治理的方法很多，如防治工业污染计划的目标和任务与调整工业布局、加强企业管理、进行技术改造、开展综合利用结合起来；奖励与惩罚结合起来等。总之要通过综合治理使环境污染防治达到规定的环境保护要求。我国环境立法中确立的“环境影响评价”“三同时”等环境管理制度，就是为了落实预防为主、防治结合的原则。

3. 开发者养护、污染者治理的原则

开发者养护，是指对环境和自然资源进行开发利用的组织或者个人，有责任对其进行恢复、整治和养护。污染者治理，是指对环境造成污染的组织或者个人，有责任对其污染源和被污染的环境进行治理。例如，《环境保护法》规定，产生环境污染和其他公害的单位，必须把环境保护工作纳入计划，建立环境保护责任制度；采取有效措施，防治在生产建设或者其他活动中产生的废气、废水、废渣、粉尘、恶臭气体、放射性物质以及噪声、振动、电磁波辐射等对环境的污染和危害。排放污染物超过国家或者地方规定的污染物排放标准的企业、事业单位，依照国家规定缴纳超标排污费，并负责处理。

4. 政府对环境质量负责的原则

地方各级人民政府对本辖区环境质量负有最高的行政管理职责，有责任采取有效措施，改善环境质量，以保障公民人身权利及国家、集体和个人的财产不受环境污染和破坏的损害。

5. 依靠群众保护环境的原则

《环境保护法》第6条规定，一切单位和个人都有保护环境的义务，并有权对污染和破坏环境的单位和个人进行检举和控告。这也是中国共产党的群众路线在环境保护工作上的具体体现。环境质量的好坏，关系到所有人的生活和健康。保护环境是公民基本权利的一部分，也是人人应尽的义务。要搞好环境保护工作，光靠政府和环保部门是远远不够的，必须广泛发动群众，将保护环境变成人民自觉的行动，大家齐关心、共爱护我们的生存环境，坚决与形形色色的环境违法行为作斗争，我们的环境保护工作才大有前途、大有希望。

第4节 《中华人民共和国安全生产法》相关知识

《中华人民共和国安全生产法》（以下简称《安全生产法》）由中华人民共和国第

九届全国人民代表大会常务委员会第二十八次会议于 2002 年 6 月 29 日通过并于 2002 年 11 月 1 日开始施行。

《安全生产法》共 7 章 97 条，是我国安全生产领域第一部综合性法律。下面简单介绍一下《安全生产法》的主要内容。

一、《安全生产法》的立法宗旨与法律地位

1. 立法宗旨

为了加强安全生产监督管理，防止和减少生产安全事故，保障人民群众生命和财产安全，促进经济发展。

2. 法律地位

在中华人民共和国境内从事生产经营活动的单位的安全生产，适用本法；有关法律、行政法规对消防安全和道路交通安全、铁路交通安全、水上交通安全、民用航空安全另有规定的，适用其规定。

二、保障安全生产的运行机制

《安全生产法》总则规定了保障安全生产的国家总体运行机制，包括五个方面：政府监管与指导（通过立法、执法、监管等手段），企业实施与保障（落实预防、应急救援和事后处理等措施），员工权益与自律（八项权益和三项义务），社会监督与参与（公民、工会、舆论和社区监督），中介支持与服务（通过技术支持和咨询服务等方式）。

三、基本法律制度

《安全生产法》确定了我国安全生产的七项基本法律制度：安全生产监督管理制度，生产经营单位安全保障制度，从业人员安全生产权利义务制度，生产经营单位负责人安全责任制度，安全中介服务制度，安全生产责任追究制度，事故应急救援和处理制度。

四、安全生产责任对象

《安全生产法》明确了对我国安全生产负有责任的各方，包括以下四个负有责任的方面：政府责任方，即各级政府和对安全生产负有监管职责的有关部门；生产经营单位责任方；从业人员责任方；中介机构责任方。

五、安全生产对策保障体系

《安全生产法》指明了实现我国安全生产的三大对策体系：第一是事前预防对策体系；第二是事中应急救援体系；第三是建立事后处理对策系统。

六、生产经营单位主要负责人安全生产的责任

《安全生产法》对生产经营单位负责人的安全生产责任作了专门的规定：建立健全安全生产责任制；组织制定安全生产规章制度和操作规程；保证安全生产投入；督促检查安全生产工作，及时消除生产安全事故隐患；组织制定并实施生产安全事故应急救援预案；及时如实报告生产安全事故。

七、从业人员安全生产保障的权利和义务

《安全生产法》对从业人员安全生产保障规定了如下权利和义务：

1. 权利

（1）知情权，即有权了解其作业场所和工作岗位存在的危险因素、防范措施和事故应急措施。

（2）建议权，即有权对本单位的安全生产工作提出建议。

（3）批评权和检举、控告权，即有权对本单位安全生产管理工作中存在的问题提出批评、检举、控告。

（4）拒绝权，即有权拒绝违章作业指挥和强令冒险作业。

（5）紧急避险权，即发现直接危及人身紧急情况时，有权停止作业或者在采取可能的应急措施后撤离作业场所。

（6）依法向本单位要求赔偿的权利。

（7）获得符合国家标准或者行业标准劳动防护用品的权利。

（8）获得安全生产教育和培训的权利。

2. 义务

（1）自律遵规的义务，从业人员在作业过程中，应当遵守本单位的安全生产规章制度和操作规程，服从管理，正确佩戴和使用劳动防护用品。

（2）接受安全生产教育和培训，自觉学习安全生产知识的义务，掌握本职工作所需的安全生产知识，提高安全生产技能，增强事故预防和应急处理能力。

（3）危险报告义务，即发现事故隐患或者其他不安全因素时，应当立即向现场安全生产管理人员或者本单位负责人报告。

八、安全生产的监督方式

《安全生产法》明确规定了我国安全生产的四种监督方式：

1. 工会民主监督

工会民主监督即工会有权对建设项目的安全设施与主体工程同时设计、同时施工、同时投入生产和使用的情况进行监督，提出意见。

2. 社会舆论监督

社会舆论监督即新闻、出版、广播、电影、电视等单位有对违反安全生产法律、法规的行为进行舆论监督的权利。

3. 公众举报监督

公众举报监督即任何单位或者个人对事故隐患或者安全生产违法行为，均有权向负有安全生产监督管理职责的部门报告或者举报。

4. 社区报告监督

社区报告监督即居民委员会、村民委员会发现其所在区域内的生产经营单位存在事故隐患或者安全生产违法行为时，有权向当地人民政府或者有关部门报告。

九、安全监管部门及监督检查人员的职权及义务

《安全生产法》规定了安全监管部门和监督检查人员权利及其要求和应尽的义务。

1. 职权

国家有关安全生产监管部门的安全监督检查人员具有以下三项职权：第一是现场调查取证权，即安全生产监督检查人员可以进入生产经营单位进行现场调查，单位不得拒绝，有权向被检查单位调阅资料，向有关人员（负责人、管理人员、技术人员）了解情况。第二是现场处理权，即对安全生产违法作业当场纠正权；对现场检查出的隐患，责令限期改正、停产停业或停止使用的职权；责令紧急避险权和依法行政处罚权。第三是查封、扣押行政强制措施权，其对象是安全设施、设备、器材、仪表等；依据是不符合国家或行业安全标准；条件是必须按程序办事、有足够证据、经部门负责人批准、通知被查单位负责人到场、登记记录等，并必须在 15 日内作出决定。

2. 义务

安全监管部门及监督检查人员要求和应尽的五项义务：一是审查、验收禁止收取费用；二是禁止要求被审查、验收的单位购买指定产品；三是必须遵循忠于职

守、坚持原则、秉公执法的执法原则；四是监督检查时须出示有效的监督执法证件；五是对检查单位的技术秘密、业务秘密尽到保密义务。

十、法律责任

《安全生产法》明确了政府、生产经营单位、从业人员和中介机构可能的38种违法行为，其中生产经营单位的从业人员可能的违法行为有2种（不服从管理，违反安全生产规章制度或者操作规程），并明确了对相应违法行为的13种处罚方式：对政府监督管理人员有降级、撤职的行政处罚；对政府监督管理部门有责令改正、责令退还违法收取的费用的处罚；对中介机构有罚款、第三方损失连带赔偿、撤销机构资格的处罚；对生产经营单位有责令限期改正、停产停业整顿、经济罚款、责令停止建设、关闭企业、吊销其有关证照、连带赔偿等处罚；对生产经营单位负责人有行政处分、个人经济罚款、限期不得担任生产经营单位的主要负责人、降职、撤职、处15日以下拘留等处罚；对从业人员有批评教育、依照有关规章制度给予处分的处罚。无论任何人，造成严重后果，构成犯罪的，依照刑法有关规定追究刑事责任。

思考题

1.《劳动法》制定的目的和依据是什么？

2. 合同订立的主体是什么？合同订立的方式有哪些？

3.《环境保护法》的基本原则是什么？

4.《安全生产法》的立法宗旨与法律地位是什么？

参 考 文 献

1. 段林峰，张志宇. 化工腐蚀与防护（第三版）[M]. 北京：化学工业出版社，2008.

2. 李挺芳. 防腐蚀工（基础知识、初级技能、中级技能）[M]. 北京：中国劳动社会保障出版社，2003.

3. 李挺芳. 防腐蚀工（高级技能、技师技能）[M]. 北京：中国劳动社会保障出版社，2003.

4. 袁振伟等. 防腐蚀施工安全技术 [M]. 北京：化学工业出版社，2009.

5. 孙俊生. 焊工（基础知识）（第二版）[M]. 北京：中国劳动社会保障出版社，2010.